LA FRANCE DES CHEFS

et leurs 75 recettes

Direction éditoriale
Catherine Laulhère-Vigneau

Coordination éditoriale
Céline Martin-Raget

Direction artistique
Antoine du Payrat

Conception graphique
Isabelle Ducat

Fabrication
Mélanie Lahaye

Relecture
Isabelle Warolin

Photogravure
Dupont Photogravure

N° d'édition : FA1047-1
ISBN : 2080110470
Dépôt Légal : Septembre 2003
Achevé dimprimer en juin 2003 sur les presses de Rotolito Lombarda, Italie.

TEXTES JEAN-LOUIS ANDRÉ
PHOTOGRAPHIES JEAN-FRANÇOIS MALLET

LA FRANCE DES CHEFS

et leurs 75 recettes

Flammarion

Pigeon
Boeuf

SOMMAIRE

INTRODUCTION

Ils sont maîtres aux fourneaux, mais savent aussi diriger une brigade, une salle, une entreprise. Ils sont hommes de recettes et chefs de troupes. Artistes et commerçants. Metteurs en scène et patrons. Hommes-orchestres et chefs d'orchestre. Ils ont, au-dessus de leur tête, des étoiles qui filent ou qui s'installent. À l'étranger, on leur accorde parfois un rang d'ambassadeurs culturels. On les imite et ils font école. Mais c'est un fait : hors de France, on trouve des cuisiniers, parfois de grand talent. Chez nous règnent, souverains, des chefs.

Il fut un temps où ces chefs n'étaient que d'anonymes, quoique brillants, salariés. Le chic du chic était de dîner chez *Maxim's* ou à *La Tour d'Argent*. Aujourd'hui, on va chez Bras, Passard ou Meneau. Les chefs ne sont plus cantonnés aux offices de leur restaurant. Tous fils de Bocuse, qui fut le premier à poser dans Paris Match pour fêter sa troisième étoile au Michelin (c'était en 1965), ils ont rejoint les architectes et les grands couturiers au Panthéon médiatique des artistes. Peu importe qu'ils œuvrent sur commande ou qu'ils travaillent une matière éphémère. Ils créent.

C'est-à-dire qu'ils nous étonnent, ils nous font rêver, ils chamboulent des continents, ils improvisent et ils signent. Leur personnalité s'impose d'évidence, comme celle d'un compositeur ou d'un peintre.

La question n'est pas de savoir s'ils sont physiquement là, s'ils font eux-mêmes les gestes sacrés ou s'ils se reposent sur un second, un fils, une épouse, un complice ou une équipe. Certains ne mettent plus guère les pieds dans leur cuisine, d'autres ne manquent jamais un service. Et alors ? Les premiers voient leur cuisine comme l'atelier d'un maître sculpteur de la Renaissance, les autres, héritiers des poètes romantiques, croient à l'irréductible solitude du créateur. Seule importe, au final, cette énergie qui n'appartient qu'à eux.

Marc Haeberlin, Anne-Sophie Pic, Gérard Boyer, Gérald Passédat et bien d'autres encore témoignent de cette évolution. Issus d'une dynastie de chefs, ils ont appris

le métier avec leur père. Ils ont grandi entre les fonds de sauce, les beurres blancs et le ballet amidonné des serveurs. Mais pour continuer, il leur a fallu quitter ces sentiers rebattus. Chercher au fond d'eux-mêmes ce qu'ils avaient envie de dire et comment le dire. Être fils de son père reste un bon début en cuisine. Mais pour autant, rien n'est joué, tout reste à conquérir. La cuisine n'est pas un savoir, c'est un risque.

Il faut écouter Marc Haeberlin, lorsqu'il mesure le chemin parcouru, dans son auberge où la rivière, en contrebas, distille pourtant un air d'éternité. Il dit que le temps est loin où l'on pouvait gagner ses trois macarons au Michelin en interprétant dignement une sole dieppoise. En vingt ans, depuis que les cuisiniers passent à la télévision et qu'ils font la une des magazines, les exigences ont changé, la culture du public aussi. Il veut du léger, du métissé, du raccourci, de l'ellipse. La cuisine a suivi le mouvement général de l'art contemporain.

Pour autant, elle n'oublie pas son histoire. Même un avant-gardiste comme Alain Passard a fait ses armes dans les noces et banquets. Les autodidactes, ceux qui sont venus dans le métier par passion, à l'instinct, ont tous parcouru un bout de chemin avec leurs aînés. Même l'étudiant en chimie que fut Roellinger a pris le temps d'un détour, rapide mais efficace, chez quelques grands, avant de se lancer dans une cuisine très personnelle. On ne s'improvise pas artiste. Une sauce aigre-douce n'abolit pas l'Académie.

Comme dans toutes les disciplines existent pourtant des querelles entre anciens et modernes. Les sauces contre les jus. Les émulsions contre les sirops. Les mousses contre les crèmes. L'huile d'olive contre le beurre.

D'un côté donc, les amoureux du terroir, des marchés à l'ancienne, de la cuisine

bourgeoise qui a fait notre réputation depuis Escoffier. Ceux qui mitonnent leurs plats et consignent leurs recettes. Qui ne rechignent pas devant un soufflé qui se tient. De l'autre, ceux qui interrogent d'autres cultures. Rappellent que la cuisine française n'a jamais été aussi brillante qu'au XVIIe siècle, quand elle a intégré les haricots, les pommes de terre, les tomates, ingrédients métèques venus des Amériques. Ces modernes ajoutent que les distances sont bouleversées, qu'il faut plus de temps pour faire venir des carottes du Mont-Saint-Michel que des truffes d'Italie. La cuisine contemporaine va avec la vitesse. Elle peut se permettre d'être à la fois été et hiver, Europe et Asie, cerise et paprika.

Elle peut aussi rentrer au bercail et décider de cultiver son jardin. Alain Passard le prouve. Il a pris l'expression au pied de la lettre. Voyage bouclé, il fait désormais démarrer sa cuisine à l'entretien d'un beau potager.

Nous avons voulu rencontrer ces artistes. Les rencontrer et pas seulement égrener leurs recettes. Nous avons interrogé d'abord leur parcours personnel, depuis la naissance de la vocation. Nous avons ensuite cherché à savoir comment se dessine, dans un rapport au terroir revendiqué ou rejeté, leur paysage individuel et imaginaire. Nous avons essayé de décrire, enfin, leur processus de création.

Le livre, né de ces rencontres, n'a aucune prétention à l'exclusivité. Il revendique l'arbitraire de ses choix, choix calés entre la volonté d'illustrer, du mieux possible, la diversité des terroirs et celle de montrer l'immense variété de l'état de chef.

On y croise des virtuoses, des beaux parleurs, des vedettes, des notables, des peu loquaces et des bavards, des tourmentés, des qui ne doutent de rien. C'est un bout de la France des chefs aujourd'hui. Un bout de la France.

désorientés

GEORGES BILLON

GRAND HÔTEL DE CALA ROSSA

CORSE

L'HOMME

Au *Grand Hôtel de Cala Rossa*, il ne règne pas un chef, mais deux. Georges Billon est celui qui est habillé en blanc. Il officie dans la maison depuis près de vingt ans et affirme n'avoir jamais eu la tentation d'ouvrir son propre restaurant tellement il se sent ici chez lui. Il dit aussi que sa cuisine s'inscrit dans une stratégie générale définie par l'autre chef, le Patron.

Le Patron en question, Toussaint Canarelli, renvoie illico la balle. Lui n'est ni cuisinier ni même hôtelier. Ancien boucher-charcutier-maquignon. Mais il a su s'entourer. Son hôtel, qui emploie une bonne centaine de personnes (ce qui en fait l'une des toutes premières entreprises corses), ne serait rien sans Georges Billon. « Vous n'avez qu'à visiter les chambres que nous n'avons pas encore refaites. La réputation de l'établissement ne peut pas venir de ces chambres. Elle tient à la cuisine. Et dans la cuisine, Georges a tout pouvoir. »

Georges Billon est arrivé dans l'île parce qu'il ne pouvait plus vivre ailleurs. Après la Savoie, il avait essayé Lyon, la ville de sa famille, mais trouvé ça gris. Trop dur, après seize ans de soleil marocain. « En Corse, je suis arrivé pour chercher le grand Sud. » *Cala Rossa*, qui vient alors d'être repris par Toussaint Canarelli, tombe à pic. L'hôtel, où tout reste à inventer, se trouve au sud de ce Sud, dans le golfe de Porto-Vecchio.

C'est cependant au Maroc que Georges, encore adolescent, a pris le goût des cuisines, par la bande. « Mes parents étaient blanchisseurs dans un grand hôtel. J'ai grandi en les voyant repasser des vestes blanches et amidonner des toques. » La culture familiale a fait le reste. « Mon père était un grand gourmand. Il passait ses loisirs à recopier des recettes sur un grand cahier. De temps en temps, il en essayait une. »

Rentré en France, Georges s'est formé dans quelques bonnes maisons. À l'ancienne, dans un esprit proche de celui du compagnonnage. « Des artisans de valeur m'ont enseigné leurs principes et leur philosophie. Bien faire plus que nécessaire. Consolider ses bases avant de se lancer dans des recettes époustouflantes. Considérer la cuisine comme une construction, modeste, qui permet d'avancer à partir d'un produit brut. » Depuis, dans toute sa carrière, Georges n'a jamais connu l'ivresse ni le stress des trois étoiles, mais il ne s'en plaint pas. « Ainsi, je suis libre d'empreinte. » Libre, en somme, d'inventer une cuisine demi-savante, encore rare dans une île où la gastronomie relève plus des fourneaux familiaux que des restaurants de luxe ■

LE PAYSAGE

Georges Billon n'est pas né corse, mais il le devient. Vingt ans de travail. Il n'a jamais manqué, par exemple, la fête de la châtaigne de Bocognano. L'occasion de repérer les meilleures farines et de s'initier à une véritable culture. Il a visité des dizaines de producteurs de charcuteries ou de fromages dans les montagnes de l'intérieur. Goûté, écouté, discuté. Enthousiasmes, mais aussi déceptions. « Le même producteur, à l'époque, passait souvent du meilleur au pire. La Corse était menacée par toutes les dérives du tourisme de masse. »

Aujourd'hui, le chef est sûr de lui. D'abord parce qu'il a fait le tri dans ses adresses. Il connaît les trois pêcheurs de Porto-Vecchio prêts à tendre des mailles fines pour lui ramener une vingtaine de rougets, les deux charcutiers-artisans, l'un dans la région d'Ajaccio, l'autre près de Levie dans l'Alta Rocca, qui font avec constance un jambon impeccable ; le berger, près de l'hôtel, qui livre une tomme unique parce que ses brebis paissent en pleine nature.

Mais c'est aussi la Corse qui a changé. Renoué avec sa propre culture. Sur la plateau d'Anghione, au flanc des monts d'Antisanti, Georges va chercher une huile d'olive

Pages précédentes, de gauche à droite : *Les olives du domaine de Marquiliani. Avec Anne Amalric, du domaine de Marquiliani.*

Ci-contre, de gauche à droite : *La coppa est meilleure quand elle est tranchée fin. Le miel vient des aiguilles de Bavella. Les fromages de brebis d'Antoine Foata, berger et voisin.*

La côte sauvage du sud de la Corse.

douce comme du velours, qui a un arrière-goût d'amande amère. Celle du domaine de Marquiliani, une oliveraie qui collectionne, depuis trois ans, les médailles d'or dans les concours internationaux. Mêmes redécouvertes pour le miel ou le brucciu. Là aussi, il y avait une exigence de qualité à retrouver : « Le bon brucciu, on le reconnaît tout de suite. On peut le poêler tel quel et il ne rend pas d'eau. »
Reste qu'il faut, en Corse plus qu'ailleurs, accepter le rythme des saisons, réserver les figatellis aux soirées d'hiver et farcir les aubergines au basilic plutôt qu'au brucciu en été, puisque les chèvres gardent alors leur lait pour les cabris. Et si Georges cuisine quelques plats d'ici qui font plaisir, pâtes aux langoustes, chapons au four ou veau aux olives, il n'oublie pas qu'il ne sera jamais né dans l'île. Et ne se risque donc pas aux spécialités qui engagent l'âme corse. « La soupe aux haricots ou la pulenda de farine de châtaigne, d'excellentes auberges de montagne la font. Je ne veux pas m'aventurer sur ces terrains-là, car il y aura toujours un puriste pour trouver la faille... » ■

LE STYLE

Voir d'abord la terrasse. Immense, piquée de pins, avec quelques percées sur la plage. On s'y attable en tenue légère, entre deux bains. Peut-on servir de la bonne cuisine dans ce décor-là ? Ou plutôt : la gastronomie est-elle compatible avec l'esprit de vacances ? Oui, si le chef accepte de ne pas être un chef comme les autres.
Prendre en compte, d'abord, le nombre des convives. Cent cinquante, au moins, à la belle saison. Voilà qui exclut les préparations trop chichiteuses. « Si je fais

simple, ce n'est pas seulement par nécessité. C'est aussi parce que je sais que mes clients ne veulent pas d'une cuisine trop sophistiquée. Ils ont ça chez eux.» Pour la plupart Parisiens en relâche, ils veulent ici du bon, mais pas du lourd. Du savoureux, mais pas du savant. Un agneau de lait rôti aux herbes, un denti ou une mostelle au four, une canette au miel font l'affaire. À condition d'être parfaitement accommodés. «J'ai laissé tomber le beurre et la crème. Je tends vers une cuisine de parfums.» Tout l'art est de bien l'exécuter. S'il veut conserver son étoile au Michelin avec de telles ambitions, ce genre de chef n'a pas droit à l'erreur. Traité avec légèreté, le public de *Cala Rossa* n'en veut pas moins être épaté chaque soir. La plupart des clients du *Grand Hôtel de Cala Rossa* sont des demi-pensionnaires de luxe, qui restent sur place une ou deux semaines. Ils n'attendent pas une grande symphonie, mais un air à la fois familier et surprenant. «Sur quinze jours au moins, je dois proposer des plats différents chaque soir, ce qui m'oblige à improviser en fonction du marché. En fait, je suis toujours en recherche.» C'est ainsi que sont nés les œufs brouillés aux oursins ou les cakes de farine de châtaigne. «Tous les matins, je me lève avec le même défi : donner aux clients de l'hôtel l'envie de venir s'asseoir, après leur journée de plage, sur ma terrasse. Mieux encore : j'ai l'ambition de les faire saliver toute la journée en attendant ce moment-là.» ■

Page de gauche : *Les falaises de Bonifacio.*

Ci-contre, de gauche à droite : *La pêche de poissons de roche. L'huile d'olive aux parfums du maquis.*

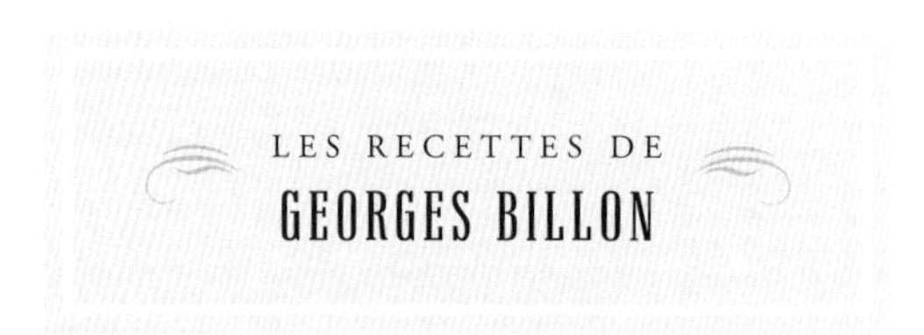

LES RECETTES DE

GEORGES BILLON

POUR 4 PERSONNES

La gelée de fenouil
- 1/2 cuillère à café d'anisette
- 3 feuilles de gélatine
- 1/4 bulbe de fenouil
- 1 cuillère à café d'huile d'olive
- 1/4 de litre d'eau
- Sel et poivre

Les oursins
- 16 oursins
- 1 jus de citron
- 2 feuilles de gélatine
- 10 cl d'huile de noisette
- Sel et poivre

PRÉPARATION
45 minutes

TEMPS DE CUISSON
30 minutes

Les paillotes, une culture balnéaire.

Oursins corses à la gelée de fenouil

RÉALISATION

• *La gelée de fenouil* : Laver et hacher grossièrement le fenouil. Chauffer l'huile d'olive dans une petite casserole, ajouter le fenouil en morceaux et l'anisette. Faire cuire en remuant 10 minutes à feu doux sans coloration, saler, poivrer. Verser l'eau, laisser frémir sans mélanger 30 minutes, puis filtrer l'eau dans un saladier. Ajouter les 3 feuilles de gélatine (préalablement ramollies dans de l'eau froide). Fouetter pour dissoudre la gélatine, rectifier l'assaisonnement et réserver à température ambiante.

• *Les oursins* : Ouvrir les oursins avec une petite paire de ciseaux. Verser le jus dans un saladier puis récupérer délicatement les langues avec une cuillère à café. Réserver les 24 plus belles langues sur une assiette.

Filtrer le jus des oursins, le mélanger avec le reste des langues dans une petite casserole. Chauffer 1 minute ce mélange sans bouillir, puis ajouter les 2 feuilles de gélatine (préalablement ramollies dans de l'eau froide) et le jus de citron. Saler, poivrer et remuer avec un fouet pour dissoudre la gélatine et mélanger tous les ingrédients.

Laisser refroidir, puis mixer cette préparation avec l'huile de noisette dans un robot.

Laver les oursins sous un filet d'eau froide. Remplir l'intérieur des coquilles avec la préparation à l'huile de noisette. Laisser prendre 10 minutes au réfrigérateur puis disposer sur chaque oursin 6 belles langues. Verser deux cuillères à soupe de gelée de fenouil et laisser prendre 20 minutes au réfrigérateur.

Rougets barbets farcis au bruccio

POUR 4 PERSONNES
- 4 rougets barbets entiers («désarêtés» par votre poissonnier, sans lever les filets)
- 400 g de bruccio
- 1 cuillère à café de pignons de pin
- 1 cuillère à café d'herbes du maquis hachées
- 1 jaune d'œuf
- 200 g de vert de blettes
- 10 cl d'huile d'olive
- Sel et poivre

PRÉPARATION
35 minutes

TEMPS DE CUISSON
25 minutes

RÉALISATION
- Faire cuire le vert des blettes à l'eau bouillante salée.
- Les égoutter et les hacher grossièrement.
- Mélanger dans un saladier le jaune d'œuf, le bruccio, le vert des blettes concassé, les pignons grillés au four 5 minutes et hachés, les herbes séchées et 5 cuillères à soupe d'huile d'olive. Saler et poivrer, puis garnir l'intérieur des rougets avec cette farce.
- Déposer les poissons farcis dans un grand plat en terre. Saler, poivrer et arroser les poissons avec le reste de l'huile d'olive.
- Vous pouvez également envelopper chaque rouget farci dans une grande feuille de vigne maintenue avec de la ficelle pour éviter à la farce de sortir pendant la cuisson.
- Cuire au four, 25 minutes à 180 °C.
- Servir les poissons entiers avec une salade.

Spaghettis à la langouste

POUR 4 PERSONNES
- 2 petites langoustes de 1,5 kg ou une grosse d'au moins 2,8 kg
- 250 g de spaghettis
- 3 gousses d'ail
- 10 cuillères à soupe d'huile d'olive
- 1 cuillère à café de concentré de tomates
- 1 bouquet garni
- 2 verres de vin blanc
- 1/2 botte de basilic
- 1/4 de litre de fumet de poisson
- Sel et poivre

PRÉPARATION
45 minutes

TEMPS DE CUISSON
40 minutes

RÉALISATION
- Faire cuire les spaghettis «al dente» à l'eau bouillante salée. Les égoutter, les rincer et les réserver à température ambiante.
- Plonger les langoustes 2 minutes dans une casserole d'eau bouillante. Les égoutter et tailler les queues en gros médaillons avec la carapace. Récupérer le corail et la partie crémeuse des têtes avec une petite cuillère et concasser grossièrement la carapace des têtes. Réserver l'ensemble séparément dans un bol au réfrigérateur.
- Éplucher et hacher les gousses d'ail. Faire chauffer 4 cuillères à soupe d'huile d'olive dans une poêle, saisir les médaillons de langouste 1 minute de chaque côté puis les égoutter et les réserver sur une assiette. Ajouter les carapaces et le bouquet garni, les faire colorer et les mouiller avec 1/4 litre d'eau ou de fumet de poisson. Laisser réduire à feu doux au 3/4 puis filtrer le bouillon des carapaces dans un bol.
- Faire chauffer 4 autres cuillères à soupe d'huile d'olive dans une cocotte. Saisir l'ail haché une minute en remuant, ajouter le concentré de tomates. Mélanger avec l'huile, verser 2 verres de vin blanc. Faire frémir cette sauce 3 minutes à feu doux, puis ajouter le bouillon des carapaces. Faire réduire de nouveau, toujours à feu doux 5 minutes, puis verser le corail des langoustes en fouettant délicatement. Arrêter le feu, saler, poivrer. Ajouter les spaghettis et le reste de l'huile d'olive, avec les médaillons de langoustes. Ajouter des feuilles de basilic hachées, faire réchauffer l'ensemble et déguster bien chaud.

Perdreaux rôtis et farcis, jus de cuisson à la myrte

POUR 4 PERSONNES
- 4 perdreaux
- 4 tranches de lard longues et fines
- 150 g de cèpes
- 100 g de girolles
- 50 g de trompettes de la mort
- 50 g de chair à saucisse
- 50 g de figatellu
- 100 g de châtaignes en conserve
- 5 cl d'alcool de myrte
- 2 branches de myrte fraîche
- 5 cl de vin blanc
- 5 cl de jus de poulet ou de fond de volaille
- Sel et poivre
- Huile d'olive
- 1 bouquet garni
- 1 gousse d'ail

Polenta à la châtaigne
- 150 g de farine de châtaigne
- 1/2 litre de crème fraîche liquide
- 1 pointe de noix de muscade

PRÉPARATION
45 minutes

TEMPS DE CUISSON
40 minutes

RÉALISATION

• *La farce* : Laver et tailler grossièrement les champignons. Les faire sauter séparément avec de l'huile d'olive puis les mélanger avec la chair à saucisse, le figatellu et les châtaignes taillées en petits morceaux.

• *Les perdreaux* : Saler et poivrer les perdreaux. Les saisir dans une cocotte en fonte avec de l'huile d'olive bien chaude et la gousse d'ail entière. Les laisser colorer sur toutes les faces, puis verser l'alcool de myrte et flamber. Arrêter le feu.

Egoutter les perdreaux sur une grande assiette, les garnir avec la farce aux champignons et les envelopper avec une tranche de lard. Faire cuire les perdreaux au four 30 minutes à 160 °C dans un grand plat en terre.

Refaire chauffer la cocotte de cuisson, mouiller au vin blanc, ajouter les branches de myrte et le bouquet garni. Faire réduire de moitié puis verser le jus de poulet. Saler, poivrer et laisser mijoter doucement 10 minutes en remuant de temps en temps. Lorsque la sauce a une belle consistance, la filtrer et garder au chaud.

Sortir les perdreaux du four, ajouter dans la sauce le nouveau jus de cuisson. Servir sur un grand plat, avec la sauce à part, accompagnée d'une polenta à la châtaigne.

• *La polenta à la châtaigne* : Verser la farine de châtaigne en pluie dans 1/2 litre de crème liquide bouillante, saler, poivrer et « muscader ». Remuer jusqu'à ce qu'elle soit épaisse en y ajoutant 2 cuillères à soupe d'huile d'olive, c'est prêt.

La table des pensionnaires.

POUR 4 PERSONNES
- **150 g de pâte de marrons**
- **100 g de beurre**
- **50 g de beurre pour les moules**
- **2 œufs + 3 jaunes**
- **30 g de sucre en poudre**
- **20 g de farine**
- **10 g de farine de chataîgne**
- **4 g de levure chimique**

PRÉPARATION
30 minutes

TEMPS DE CUISSON
10 minutes

Dégustation d'un verre d'huile d'olive.

Moelleux tièdes à la châtaigne

RÉALISATION

• Mélanger la pâte de marrons avec le beurre ramolli et les œufs entiers dans un grand saladier en fouettant.

• Dans un autre saladier, verser le sucre et les jaunes. Fouetter pendant 10 minutes régulièrement pour obtenir un mélange homogène et souple.

• Ajouter la farine et la levure dans le second mélange, toujours en fouettant.

• Rassembler les deux mélanges et remuer délicatement.

• Beurrer généreusement 4 ramequins d'environ 5/6 cm de hauteur et les laisser prendre 2 minutes au réfrigérateur.

• Préchauffer le four à 180 °C.

• 10 minutes avant de servir, verser la pâte à moelleux dans les ramequins (environ à la moitié) et cuire 10 minutes précises à 180 °C.

• Sortir les ramequins du four et les laisser reposer 2 minutes avant de les démouler. L'intérieur du gâteau doit être très moelleux.

PAUL BOCUSE

L'AUBERGE DU PONT DE COLLONGES

COLLONGES

L'HOMME

À Lyon, Monsieur Paul a son portrait dans toutes les bonnes maisons. Tel qu'en sa légende, il pose chez Colette Sibilla, la reine du cervelas pistaché, de la rosette et du tablier de sapeur. Il trône chez la Mère Richard, l'amie d'enfance, celle par qui le saint-marcellin affiné dans ses caves n'est plus isérois mais bel et bien lyonnais. Col bleu-blanc-rouge comme il sied à un humble Meilleur Ouvrier de France, toque en tour Eiffel et bras croisés, l'homme prend volontiers la pose devant l'objectif. Il dit lui-même se déguiser avant le service, sachant qu'il prend ainsi force d'icône. Il en vient à se confondre avec sa fresque, celle qui trône devant *L'Auberge de Collonges* ou sur les quais de la Saône, en ville.

Ne pas se laisser abuser pour autant. Ce ne sont là que portraits officiels d'un président en ses mairies. En vrai, le maître est ailleurs. Dans un avion entre Orlando et Paris par exemple, puisqu'il a ouvert un restaurant chez Disney. Ou en train de préparer les Bocuse d'Or, manifestation qui consacre chaque année un chef dans le monde, ce qui est une façon de le placer, lui, au-dessus de tous. Il peut être aussi en visite sur le chantier de sa dernière brasserie. Sa stratégie, depuis quelques années, est de prendre Lyon par tous les points cardinaux. Il y eut d'abord *Le Nord*, puis *Le Sud*. *L'Est*, grand établissement techno-californien, a été implanté dans l'ancienne gare des Brotteaux. *L'Ouest* s'achève. On y servira huit cents couverts par jour.

On rencontre aussi Bocuse, le matin, dans la cuisine des Vavro. Il prend le temps d'un café chez son ami. Illustrateur et designer, ce Lyonnais d'origine slovaque est son metteur en image. C'est lui qui conçoit les décors ébouriffés de ses nouvelles brasseries. Là, il ne ne lésine pas sur les couleurs, les serveurs portent casques et micro et passent commande sur des ordinateurs. Moderne. Mais pas question, en

Pages précédentes, de gauche à droite : *Le tajine du « Sud » : Lyon fusion. L'entrée du restaurant de Collonges : Lyon tradition.*

Ci-dessus, de haut en bas : *Gâteau Le Président, conçu avec le chocolatier Bernachon. Bocuse au café chez son ami Vavro. Les pralines de Saint-Genis.*

Page de droite : *Monsieur Paul met aussi la main à la pâte.*

revanche, de toucher à la maison-mère, celle de Collonges. C'est l'ancienne auberge de ses parents, il est né au deuxième étage. Les chandeliers à branches y sont posés sur des nappes blanches, l'argenterie étincelle, le groom est habillé en groom, pas en mannequin, et les commis astiquent tous les jours les cuivres. C'est le temps arrêté, la France tranquille.

S'il reste un peu de temps, Monsieur Paul vous emmène ensuite visiter son exceptionnelle collection d'orgues et limonaires. Il pousse lui-même les boutons, ravi. Il aime que retentissent les flonflons de la fête foraine à deux pas des guinguettes de la Saône, dans un manoir aujourd'hui réservé aux noces et banquets, qui appartint à sa famille, autrefois, et qu'il a tenu à racheter, fortune faite.

Telle est la force de Bocuse, celle qui l'impose toujours, à soixante-dix-sept ans, comme le patron des chefs français. Entre l'assurance du patriarche agrippé à ses racines et le flair du trader. Bocuse, c'est le croisement improbable entre Gnafron et Disney ■

LE PAYSAGE

Avant d'être une banlieue pour Lyonnais aisés, Collonges-aux-Monts-d'Or était un village. Église, mairie, marché, quelques rues de guingois et, tout en bas, la Saône. Pas de route, à l'époque, entre la plage et l'auberge, mais une plage en graviers. Et des mariniers, des guinguettes, des chasseurs qui laissent une perdrix et des grives, des pêcheurs, des marlous, des jeunes filles en fleur. Un monde qui va en barque ou à bicyclette, au mieux en 2 CV. Un monde à la Renoir, dont les plus beaux instantanés sont des *Déjeuner sur l'herbe*. Bocuse a grandi là. Il revendique ce paysage du passé.

Il a beaucoup voyagé depuis. Mais, de cercle en cercle, Collonges est resté le microcosme de la France qu'il aime. Hissé sur la pointe des pieds, il observe Lyon, la ville qui mange comme elle respire, il aperçoit les pentes du Charolais où paissent les bœufs ; il imagine les moutons d'Auvergne et de Loire ; les poulardes de Bresse aux pattes bleues, les carpes des Dombes, les écrevisses des ruisseaux de Haute-Loire, les vignobles du Beaujolais et ceux du Rhône. Par temps clair, il voit même d'ici le bleu du Jura ou les huîtres de Cancale. Pourquoi pas ? Ils sont à portée de gourmandise. Et c'est ainsi que Bocuse est devenu l'apôtre de toutes les richesses culinaires de l'Hexagone.

Il sait choisir, fidèle à ses amis, certains diront à sa bande. Avant que la mode ne soit au terroir, il a été le premier à rendre hommage à ses fournisseurs, volontiers cités sur sa carte. Bernachon, chocolatier à Lyon, devient ainsi l'un des plus célèbres chocolatiers de France, la Mère Richard prospère dans les Halles, et Dubœuf l'accompagne, chargé de vins, dans ses tournées mondiales.

smart

C'est tout ? Non, car Bocuse vit à l'époque du TGV et de l'avion. Du coup, de nouveaux cercles s'ajoutent à son univers intime. Il continue de militer pour une cuisine de saison et de marché, s'afflige de trouver des fraises en hiver et des châtaignes en été, mais ne s'interdit pas de cuisiner les nems. En Floride, il a inventé les hamburgers au foie gras et aux truffes. Il voyage et il note. Et l'on ne s'étonnera pas, en lisant la carte de *L'Est*, que le jambon Serrano voisine avec le foie gras du Gers, et que le guacamole fréquente le riz cantonnais aux gambas. C'est juste son monde qui grandit, son monde vu depuis Collonges ■

LE STYLE

Qui fait la cuisine, Monsieur Paul, quand vous n'êtes pas là, ce qui doit arriver, vu que vous étiez hier en Suède et que vous serez demain à Tokyo ? Le maître tient sa réponse au chaud : le même que quand je suis là. En l'occurrence, son second, Christian Bouvarel, trente ans de maison, lequel a succédé récemment à Roger Jaloux, qui a officié chez Bocuse trente-huit ans. Alfred, le maître d'hôtel, lui, est resté quarante-cinq ans en salle. Quand on entre chez Bocuse, en général, c'est pour longtemps.
Ce n'est donc pas par effet de style que toute la brigade, à l'entrée du restaurant de Collonges, s'active derrière une vitrine. Le patron croit à la force d'une équipe, plus qu'à la solitude inspirée du créateur. Il dit qu'Enzo Ferrari n'a jamais serré lui-même les boulons, ce qui ne l'a pas empêché de concevoir l'une des plus belles voitures du monde. Bocuse est artiste, mais au sens de la Renaissance, qui s'accommode du partage de l'atelier. Et quand il est là, ce qui arrive en fait plus souvent qu'on ne le dit, il mange en salle, avec ses clients. « Si les architectes habitaient les maisons qu'ils construisent, ça irait peut-être mieux. »
Sa cuisine recherche plus un état d'esprit que la performance. Il est l'un des derniers, à ce niveau, à pouvoir se permettre la belle sole au beurre blanc, la soupe de moules ou l'épaule de veau farcie aux truffes et au foie gras. Ce qui ne l'empêche pas d'avoir aussi des classiques maison, comme la poularde en vessie ou la soupe VGE inventée spécialement pour l'ancien président de la République.
Mais le plaisir reste dans la simplicité : « Une seule chose prévaut : ne jamais se livrer à une démonstration de cuisine. Nous sommes simplement des mendiants d'amitié. »
Pari tenu : à Collonges se croisent des gourmets internationaux, des joueurs de football, des Japonais, des passionnés qui cassent leur tirelire, des représentants de commerce, des hommes politiques. Souvent, tout ce petit monde lie connaissance après le dessert, autour d'un café. Et là n'est pas la moindre des réussites d'un dîner chez Bocuse ■

Page de gauche :
La brasserie « L'Est » dans l'ancienne gare des Brotteaux.

Ci-dessus, de haut en bas :
Thé à la menthe au « Sud ».
Cuisses de grenouilles en tempura à « L'Ouest », recette page 34.
Les plongeurs de Collonges.

POUR 4 PERSONNES
- 600 g de chair de thon rouge
- 1 cuillère à café de graines de sésame grillées
- 10 cl de sauce nuoc-mân
- 5 g de pâte à wasabi (en vente dans les épiceries asiatiques)
- 20 cl d'huile d'olive + 4 cuillères à soupe pour la salade
- 1/2 botte de coriandre hachée
- 2 jus de citron vert
- 1 cuillère à soupe de sauce soja
- 50 g de gingembre au vinaigre
- 300 g de feuilles de roquette
- Sel et poivre

PRÉPARATION
25 minutes

TEMPS DE CUISSON
aucun

Thon cru en sashimi

SERVI À *L'OUEST*, RECETTE FRÉDÉRIC BERTHOD POUR PAUL BOCUSE

RÉALISATION

• Dans un saladier mélanger en fouettant énergiquement le wasabi, le nuoc-mân et l'huile d'olive. Ajouter le jus d'un citron vert et la cuillère à soupe de sauce soja. Rectifier l'assaisonnement en sel et poivre.

• Découper la chair du thon en fines lamelles d'1/2 cm d'épaisseur. Badigeonner le fond de 4 assiettes avec de la vinaigrette. Disposer dessus les lamelles de thon cru puis badigeonner de nouveau le dessus du thon avec le reste de la vinaigrette. Parsemer de graines de sésames grillées et de coriandre hachée grossièrement.

• Poser au centre les feuilles de roquette préalablement lavées et assaisonnées d'un filet d'huile d'olive et d'un jus de citron.

• Servir les sashimis bien frais, avec des racines de gingembre au vinaigre (en vente dans les épiceries asiatiques).

POUR 4 PERSONNES
- 16 cuisses de grenouille
- 300 g de feuilles de roquette
- 1 jus de citron
- 4 cuillères à soupe d'huile d'olive
- Sel et poivre
- 1 friteuse

Pour la pâte à tempuras
- 170 g de farine
- 170 g de maïzena
- 30 g de levure chimique
- 350 g d'eau glacée
- 1/2 cuillère à soupe d'huile d'arachide
- 1 pincée de piment rouge en poudre
- Sel et poivre

PRÉPARATION
35 minutes

TEMPS DE CUISSON
10 minutes

Tempuras de cuisses de grenouilles

SERVI À *L'OUEST*, RECETTE FRÉDÉRIC BERTHOD POUR PAUL BOCUSE

RÉALISATION

• Mélanger tous les ingrédients de la pâte dans un saladier en fouettant.

• Découper les cuisses en deux.

• 10 minutes avant de passer à table faire chauffer votre bain d'huile à 160 °C, tremper les cuisses de grenouille dans la pâte à frire et les faire cuire dans la friteuse 4 par 4 entre 5 et 8 minutes en les remuant sans cesse délicatement avec une araignée. Égoutter les tempuras sur une feuille de papier absorbant et les garder au chaud dans un four préchauffé à 200 °C.

• Recommencer l'opération plusieurs fois puis servir les beignets chauds et croustillants accompagnés de la roquette assaisonnée avec l'huile d'olive et le jus de citron.

POUR 4 PERSONNES
- 16 gambas crues
- 8 feuilles de brick
- 2 belles carottes
- 150 g de céleri-rave
- 150 g de fenouil
- 100 g de champignons noirs
- 16 feuilles de menthe fraîche
- Sel et poivre

Pour la marinade
- 10 cl d'huile d'arachide
- 1 cuillère à café de pâte à curry
- 2 branches de coriandre fraîche hachées
- 1 gousse d'ail hachée
- Sel et poivre

Pour la sauce au caramel
- 1 carotte
- 1 gousse d'ail hachée
- 15 cl de nuoc-mân
- 5 morceaux de sucre
- 10 cuillères à soupe d'eau
- 1 pincée de « piment paillette »
- Sel et poivre

PRÉPARATION
- 45 minutes
- Attente 1 nuit

TEMPS DE CUISSON
10 minutes

« Le Sud », toute une ambiance.

Nems de gambas

SERVI À *L'OUEST*, RECETTE FRÉDÉRIC BERTHOD POUR PAUL BOCUSE

PRÉPARATION

• *La veille* : Décortiquer les gambas et les mettre à mariner une nuit avec tous les ingrédients de la marinade, dans un plat au réfrigérateur recouvert d'un papier film.

• *Préparation de la sauce* : Réunir dans une casserole le sucre et l'eau. Faire cuire à feu vif, lorsque le caramel est bien blond, arrêter le feu et verser le nuoc-mân en remuant. Ajouter la gousse d'ail hachée, le piment et la carotte épluchée et taillée en julienne. Assaisonner en sel et poivre puis mélanger et laisser refroidir.

RÉALISATION

• Laver et éplucher les carottes, le céleri-rave, laver le fenouil. Émincer finement les champignons noirs. Tailler les légumes en julienne et les mélanger avec les champignons.

• Découper les feuilles de brick en deux.

• Rouler les demi-feuilles de brick garnies d'un peu de julienne de légumes, d'une feuille de menthe humidifiée et d'une gamba. Former des petits rouleaux réguliers, en prenant soin de les rouler pour enfermer la garniture à l'intérieur.

• Plonger les nems 4 par 4 dans le bain de friture à 170 °C en les remuant de temps en temps avec une araignée. Les égoutter sur une feuille de papier absorbant, les saler et les poivrer.

• Servir les nems bien chauds et dorés avec la sauce au caramel.

POUR 4 PERSONNES
- 8 filets de rougets barbets d'environ 150 g chacun
- 400 g de pommes de terre
- 12 cl d'huile d'olive
- 80 g d'échalotes
- 24 cl de noilly
- 24 cl de vin blanc
- 4 dl de crème fraîche
- 1 branche de basilic frais
- 4 carottes
- 4 courgettes
- 1 litre de fumet de poisson
- 1 jaune d'œuf
- 60 g de beurre
- Sel et poivre

PRÉPARATION
1 heure

TEMPS DE CUISSON
1 heure 30

Paul Bocuse reste un ardent défenseur du port de la toque.

Filets de rougets en écailles de pommes de terre

SERVI À *L'AUBERGE DE COLLONGES*

RÉALISATION

• Retirer délicatement les arêtes des filets des rougets avec une pince à épiler.

• Éplucher et tailler les pommes de terre en fines lamelles d'1/2 cm d'épaisseur. Dans chaque lamelle, détailler des petits ronds avec un emporte-pièce d'environ 1,5 cm de diamètre et les faire blanchir 1 minute dans une casserole d'eau bouillante salée. Les égoutter et les laisser refroidir à température ambiante. Lorsqu'elles sont froides, mélanger les « écailles » de pommes de terre avec les 20 g de beurre fondu 1 minute au micro-ondes.

• Fouetter le jaune d'œuf dans un bol avec une cuillère à café d'eau froide. À l'aide d'un pinceau badigeonner chaque filet de poisson côté peau avec cette dorure. Ranger soigneusement les ronds de pommes de terre sur les filets en remontant de la queue vers la tête pour reformer les écailles. Poser les filets prêts à cuire sur une plaque et les laisser reposer 30 minutes au réfrigérateur.

• *Pendant ce temps réaliser la sauce* : Éplucher et tailler les carottes et les courgettes en petits cubes réguliers. Faire cuire cette brunoise de légumes à l'eau bouillante salée, puis la rafraîchir et l'égoutter dans un torchon propre.

Mélanger le vin blanc avec le noilly dans une grande casserole, ajouter les échalotes épluchées et émincées puis faire réduire cette préparation de moitié. Verser le fumet de poisson, fouetter 1 minute et refaire réduire la sauce à feu doux d'un tiers.

Ajouter la crème fraîche et faire cuire (toujours à feu doux) jusqu'à ce que cette sauce nappe légèrement le dos de la cuillère. Saler, poivrer, ajouter les feuilles de basilic, recouvrir la casserole d'un papier film et laisser infuser 10 minutes à température ambiante.

• Mixer la sauce et la passer au chinois dans une autre casserole. Ajouter dedans la brunoise de légumes et la garder au chaud au bain-marie.

• Dans une grande poêle antiadhésive, faire chauffer l'huile d'olive. Saisir les filets de rougets côté pommes de terre dans l'huile chaude et les faire colorer délicatement 6 à 8 minutes. Saler et poivrer le dessus des rougets. Les retourner délicatement un par un pour finir la cuisson 5 minutes de plus.

• Servir 2 filets de rouget par personne sur un lit de sauce chaude.

Il fau… surprendre leurs ri… VERGE, … croire que les fumets et la mélodie du beurre blond entretiennent l'amour du beau.

Qui a dit que Paul Bocuse a 75 ans ? Je ne le crois pas et je sais que le petit prince en le dessinant l'imaginait copain de classe.

…ed like a
… stars, no fi…
…, BOCUSE and no …
comrades, copains, TROISG…
pranks straight out of kind…
fumets and beurre blond an…
Did someone say Paul Boc…
prince, le petit prince, was

Volaille de Bresse en vessie

SERVI À *L'AUBERGE DE COLLONGES*

POUR 4 PERSONNES
- Volaille de Bresse d'environ 1,8 kg (vidée et désossée par le dos en laissant adhérer les os des ailes et des cuisses par votre volailler)
- 1 vessie de porc dégorgée dans l'eau salée et vinaigrée (à commander chez votre charcutier)
- 6 litres de fond de volaille
- 50 g de carottes
- 50 g de céleri-rave
- 50 g de navets
- 1 fond d'artichaut
- 50 g de haricots verts
- 1 blanc de poireau
- 50 g de foie gras
- 8 lamelles de truffes fraîches
- 2 cuillères à soupe de madère
- Sel et poivre

Pour la farce de veau
- 120 g de filet mignon de veau
- 80 g de crème fraîche
- Sel et poivre

PRÉPARATION
1 heure

TEMPS DE CUISSON
1 heure 30

PRÉPARATION

• *Préparation de la farce de veau* : Mixer dans un robot 120 g de chair de filet mignon de veau salé et poivré puis mélanger avec une spatule en bois dans un saladier bien frais la chair de veau avec 80 g de crème fraîche.

• *Préparation de la sauce suprême (facultatif)* : Faire fondre 80 g de beurre avec 80 g de farine dans une grande casserole. Laisser refroidir dans la casserole. Verser 1 litre de fond de volaille bouillant dans la casserole en fouettant. Monter la sauce à ébullition en remuant sans cesse, ajouter 5 cuillères à soupe de crème épaisse, rectifier l'assaisonnement et servir cette sauce avec la volaille, la farce et le riz.

RÉALISATION

• Éplucher, laver et tailler les carottes, les navets, le céleri en petits morceaux réguliers. Les faire cuire séparément à l'eau bouillante salée, les rafraîchir et les égoutter. Laver et faire cuire également à l'eau bouillante salée le blanc de poireau et les haricots verts. Tailler les haricots verts en bâtonnets. Découper le foie gras et 2 des lamelles de truffes également en petits cubes.

• Mélanger tous les ingrédients avec la farce de veau sauf le blanc de poireau. Saler, poivrer et réserver au réfrigérateur.

• Glisser les lamelles de truffes sous l'épiderme de la volaille de façon à « truffer » la poitrine et les cuisses. Garnir la volaille avec la farce, disposer le blanc de poireau au centre. Refermer la volaille en la cousant et en la bridant. Glisser la volaille dans la vessie, ajouter une pincée de sel, du poivre et le madère. Fermer hermétiquement la vessie avec 2 tours de ficelle puis plonger la poularde dans le bouillon de volaille.

• La cuisson doit se faire par pochage, par simple frémissement du fond de volaille pendant 1 heure 30. Lorsque la volaille est cuite, l'égoutter et la sortir de la vessie devant les convives.

• Servir la volaille avec la farce garniture. Vous pouvez accompagner ce plat avec du riz et réaliser une sauce suprême avec le bouillon.

À Collonges, des fresques racontent l'histoire de la cuisine en général, et celle de Paul Bocuse en particulier.

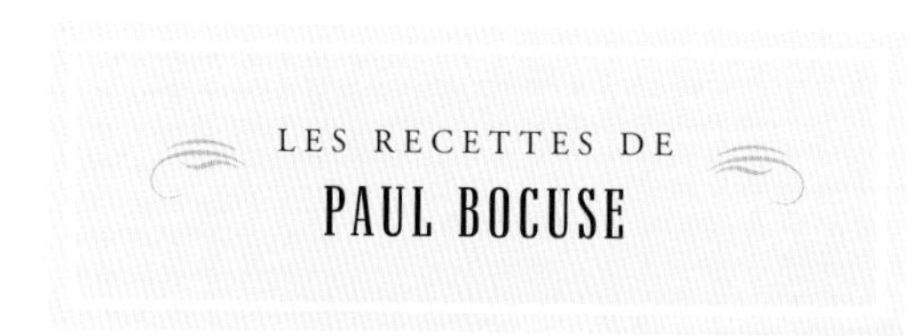

POUR 4 PERSONNES
- 1 ananas victoria
- 10 cl de malibu
- 500 g de sucre en poudre
- 1/2 litre d'eau
- 1 cuillère à soupe de baies roses
- 2 citrons verts
- 1/4 de litre de sorbet citron ou ananas

PRÉPARATION
- 35 minutes
- Attente 1 nuit

TEMPS DE CUISSON
30 minutes

Une élégance qui sait aussi se montrer très contemporaine.

Carpaccio d'ananas aux zestes de citrons confits

SERVI À *L'OUEST*, RECETTE FRÉDÉRIC BERTHOD POUR PAUL BOCUSE

PRÉPARATION

• *La veille* : Découper la peau des ananas, retirer délicatement tous les morceaux incrustés dans la chair. Avec un grand couteau bien aiguisé, tailler les ananas en tranches très fines et les garder au réfrigérateur.

Découper les zestes des citrons à vif, retirer les membranes blanches puis émincer les zestes en fins filaments. Presser le jus dans une casserole moyenne.

Dans une autre casserole, faire bouillir les zestes 3 fois de suite 1/2 minute en changeant l'eau à chaque nouvelle ébullition. Faire un petit sirop avec 100 g de sucre et 50 g d'eau, confire les zestes doucement.

Porter à ébullition le 1/2 litre d'eau avec les 500 g de sucre. Ajouter hors du feu le malibu, les zestes de citron, les baies roses, le jus de citron, laisser refroidir le tout.

Plonger les tranches d'ananas dans le sirop et les laisser mariner au moins une nuit.

RÉALISATION

Le lendemain, au moment de servir, étaler les tranches d'ananas dans de grandes assiettes plates. Assaisonner de sirop aux baies roses, répartir les zestes équitablement sur les assiettes et servir les carpaccios avec, au centre, une boule de sorbet.

GÉRARD BOYER

BOYER "LES CRAYÈRES"

REIMS

L'HOMME

Il ressemble à son domaine. Élégant et sobre. Quand il vous fait les honneurs des *Crayères*, Gérard Boyer n'en rajoute pas. S'il fait soleil, il vous installe sur la terrasse, face à la cathédrale de Reims qui flotte au bout du parc à l'anglaise. Il dit que c'est un bel endroit, ce qui suffit. À la mauvaise saison, tout commence dans les fauteuils de la grande serre, face à la forêt. Ou sous les brocarts d'un bar inondé de lumière, quelles que soient les brumes. Rien de ce décor ne lui est étranger.
« Vous êtes dans une sorte de maison neuve, que nous avons réaménagée, pièce par pièce, avec mon épouse. »
Dehors, pelouses et graviers sont parfaitement ratissés et les serveurs déambulent avec une grâce jamais compassée. Alentour, le paysage file en pente douce : la demeure est plantée sur une butte de craie, une crayère, qui donne son nom à l'établissement et fait la réputation des meilleures caves de champagne. *Les Crayères* sont dans un entre-deux, mi-ville mi-campagne, ce qui est le vrai luxe des aristocrates.
De fait, ce sont des aristocrates qui ont imaginé un tel cadre. Et il n'y a pas si longtemps. Le château, qui s'inspire de l'architecture du XVIIIe siècle, ne date en fait que du début du siècle. Pour comprendre son histoire, il faut traverser la route et s'attarder sur les tourelles, clochetons et créneaux de l'illustre maison Pommery, juste en face. Le château des Crayères est de la même trempe, puisque construit par la comtesse de Pommery et occupé ensuite par la famille Polignac. C'est avec Gérard Boyer qu'il est devenu un hôtel et un restaurant, en 1983.
Le nouveau maître des lieux n'en revient toujours pas du chemin parcouru. Par son grand-père d'abord, qui a quitté son Auvergne natale pour ouvrir, en bon bougnat, une brasserie à Vincennes. Par son père, qui a tenu la même affaire avant

G B

d'arriver à Reims. « Le hasard, il cherchait à s'installer à une centaine de kilomètres de Paris. » Commence alors une autre aventure. Celle de *La Chaumière*. Celle qui propulse son père puis lui-même dans l'aristocratie des grands chefs français. « Ce métier est l'un des derniers qui peut hisser vers les sommets un gamin pas très doué à l'école. L'ascenseur social dans la cuisine, ça existe. » De ses origines auvergnates, de ses étés à la ferme des grands-parents, Gérard a gardé des odeurs de lait chaud, de terre mouillée et de foins que l'on fane. C'est aussi parce qu'il vient de là qu'il a cette aisance de châtelain.

Avant de l'envoyer faire ses armes chez les meilleurs dont Lasserre, le père a mis à l'épreuve la volonté du fils. Surtout qu'il ne choisisse pas ce métier sans en avoir la passion. Mais le fils a tenu bon. « La révolution, pour moi, ce fut la troisième étoile de Bocuse en 65. Soudain, j'ai vu dans Paris Match un reportage sur un type qui portait la toque et la veste. Nous venions tous d'acquérir un nouveau statut et des nouvelles ambitions. »

Lorsque le fils revient au bercail, le père a la sagesse de lui laisser, peu à peu, une place. « Tous les deux, nous n'avons jamais été en conflit. Il savait, lui, que par nature c'est toujours le fils qui finit par tuer le père. » Aujourd'hui, le maître tient à ce qu'on cite son chef. Dans l'ombre, Thierry Voisin le suit depuis bientôt vingt ans et c'est son fils spirituel. Parce qu'il faut savoir transmettre, un jour, ce qu'on a soi-même reçu. Et laisser éclore l'avant-garde de la prochaine génération ■

LE PAYSAGE

« Nous sommes sur le parcours des grandes invasions. Et dans ces conditions, on pense plutôt à préparer la valise que les terrines. » Gérard Boyer donne le ton : sur sa carte, pas d'allusions forcées au terroir rémois. À quoi bon ? La Champagne était si pauvre, avant la révolution des engrais, qu'on la disait « pouilleuse ». Son seul trésor était alors, justement, celui des sols misérables, la lentille. Gérard Boyer

Pages précédentes, de gauche à droite : *L'église de Chavot, au cœur du vignoble champenois. Aux « Crayères », temple du champagne, les coupes portent les initiales du maître des lieux.*

Ci-contre, de gauche à droite : *Rondelles de tomates en friture. Le brie aux truffes : une invention maison. Servis au petit déjeuner, les yaourts de Villers-en-Argonne, non loin de Reims.*

Page de droite : *L'arrière du château des Pommery, rebaptisé « Les Crayères » par Gérard Boyer.*

rend à la rigueur hommage à ce lentillon rose qu'il associe parfois, en velouté, à un filet de pigeonneau. Il commande ses yaourts de brebis et ses fraises à des producteurs voisins. Mais pour le reste, il préfère travailler les produits les plus prestigieux du pays, comme le canard de Challans ou la volaille de Bresse. Des produits d'ailleurs, mais qui ont du génie.

Le lièvre à la royale n'a, il est vrai, pas de patrie et c'est le privilège des villes capitales que de résumer le meilleur de la France. C'est donc celui de Reims. « Ce pays est magique. Ce ne peut pas être un hasard si Clovis, qui pourtant était belge, a décidé de se faire baptiser à Reims, et si tous les souverains qui lui ont succédé sont venus se faire sacrer ici. Je trouve mon inspiration dans cette terre non pas en recherchant, au fond du terroir, produits et recettes, mais plutôt à la manière d'un peintre qui respire la lumière. » Un héritier, en somme, de ces artistes venus d'ailleurs qui se pressent en Champagne depuis le Moyen Âge, depuis que la cour de Thibaud a détrôné celle du pays d'Oc.

Le bar sous la verrière, construite à l'initiative des Boyer.

S'il ne se force pas à décliner la Champagne au féminin, Gérard Boyer, en revanche, connaît tout de son masculin. Plus de la moitié de ses hôtes font leurs repas au champagne après avoir siroté leur première coupe dans l'Orangerie. Ils ont le choix : 270 références, sans compter les bouzy et autres ambonnay, les vins rouges tranquilles de la région.
Les bulles n'accompagnent pas seulement les plats. Elles donnent une nervosité particulière à la sauce du saint-pierre, qu'agrémente, pour faire bonne mesure, un gâteau de poireaux et de caviar. Elles déterminent aussi, pour une bonne part, l'écriture de sa carte. « Ce n'est pas un hasard si le poisson occupe une telle place chez moi. C'est aussi parce qu'il me permet des mariages intéressants avec le champagne. » Où l'on retrouve un hommage indirect et subtil, en somme, à l'esprit de la région ■

Ci-dessus de haut en bas :
François Laluc, un petit producteur local, livre ses yaourts de brebis.
La préparation des fonds.
Thierry Voisin (à droite), le successeur, en grande conversation.

LE STYLE

Le décor l'y invite, il ne s'en prive pas. Les plats arrivent à table sous des cloches d'argent et le ballet des serveurs, veillé par des portraits de cour, prend un air de savant menuet. Il y a du Mozart dans la maison Boyer. Une manière de jouer avec légèreté et génie des airs bien connus. Saumon fumé à la minute, pomme de terre en robe des champs et crème de caviar, cannelloni de homards, deux œufs brouillés au caviar d'Iran... Un univers de luxe mais tout compte fait un monde rien qu'à lui, grande classe, jamais intimidant.
Les noisettes d'agneau sont parfaitement cuites au sautoir, simplement accompagnées d'un flan à l'ail et d'un caviar d'aubergine. Une fine tarte sablée aux pignons signe la composition, mais l'essentiel n'est pas là. Toute la force de ces côtes d'agneau rôties est dans l'exécution, l'infime variation, la maîtrise des cuissons. « Cette simplicité est le résultat d'une vie. C'est ce que Picasso répondait à une admiratrice : Combien de temps pour faire ce tableau ? Quarante ans, madame. Je n'ai jamais cessé d'épurer, de retirer des ingrédients. Quand on débute, on veut faire bien. On en rajoute, on en fait trop. Péché de jeunesse. Depuis, j'ai appris à me passer du superflu. »
Gérard Boyer sait bien sûr que tous ses confrères ne raisonnent pas ainsi. Il s'inscrit, par cette économie de moyens, dans la tradition d'un classicisme français revisité. Il le revendique. « Tout le monde peste contre l'uniformité engendrée par la mondialisation. Sauf en cuisine, où la fusion est devenue un lieu commun. » ■

POUR 4 PERSONNES
- 20 grosses langoustines entièrement décortiquées
- 2 cœurs de laitue
- 6 feuilles de pâte à raviolis fraîche (vous pouvez également utiliser de la pâte à lasagnes)
- 4 branches de romarin

Pour la pâte à beignets au curcuma
- 50 g de farine
- 5 g de levure chimique
- 50 g de fécule
- 1 œuf
- 0,1 litre de lait
- 1 cuillère à café de curcuma
- 1 cuillère à soupe de fleur de sel
- 1 bain de friture

Pour le mélange chèvre frais
- 100 g de chèvre frais
- 30 g de chair de langoustine décortiquée et hachée dans un robot
- 5 cl d'huile d'olive
- 1/4 de botte de ciboulette hachée
- Quelques graines de cumin
- Sel et poivre

Pour le mélange cardamome
- 50 g de pain de mie mélangé à 1 g de cardamome hachée
- Sel et poivre

Pour le mélange romarin
- 50 g de pâte à brick concassée mélangée à 2 branches de romarin hachées

PRÉPARATION
1 heure

TEMPS DE CUISSON
15 minutes

Trilogie de langoustines sur une brochette de romarin. Une au curcuma, une autre à la cardamome, la dernière au romarin, le tout accompagné d'un tacos au chèvre

Passoire en cuisine.

RÉALISATION
- Mélanger tous les ingrédients de la pâte à beignets dans un saladier en fouettant pour obtenir un mélange lisse et homogène.
- Poser les lamelles de pâte à raviolis sur une plaque à pâtisserie et les faire sécher 4 minutes au four à 200 °C. Les laisser refroidir. Tailler avec une paire de ciseaux 16 morceaux identiques de pâte à raviolis.
- Mixer le chèvre avec la chair de langoustine. Saler, poivrer, ajouter l'huile d'olive, le cumin et la ciboulette. Mélanger le tout et rectifier l'assaisonnement.
- Monter 4 tacos en intercalant 4 morceaux de pâte à raviolis séchée avec le mélange de fromage de chèvre frais. Les dresser directement sur les assiettes avec un peu de salade.
- Passer 12 langoustines dans le mélange romarin puis les faire frire 5 minutes en les remuant. Les présenter en brochettes sur les branches de romarin. Recommencer l'opération avec 4 langoustines dans le mélange à la cardamome puis les dresser directement sur les assiettes.
- Plonger enfin les 4 dernières langoustines dans la pâte à curcuma, égoutter et servir pendant que les langoustines sont encore chaudes.

Mousseline de poivrons rouges, coulis d'herbes, langoustines frites à la chapelure d'orange

POUR 4 PERSONNES
- 4 langoustines moyennes
- 1 bain de friture
- 1 gousse d'ail
- 1 orange
- 1 cuillère à café de graines de sésame grillées
- 2 poivrons rouges
- 1 oignon
- 5 cl d'huile d'olive
- 5 cl de crème liquide
- 1 botte de basilic
- 1/4 de botte d'estragon
- 1/4 de botte de cerfeuil
- 10 cl d'huile d'olive
- 1 jus de citron vert
- 1 œuf
- 10 cl de lait
- 100 g de chapelure
- 1 bain de friture
- Sel et poivre

PRÉPARATION
25 minutes

TEMPS DE CUISSON
10 minutes

RÉALISATION

- Récupérer les zestes de l'orange avec un économe, presser le jus dans un bol. Faire cuire les zestes dans 4 eaux différentes, puis les hacher et les mélanger avec les graines de sésame.
- Faire cuire les poivrons au four 30 minutes avec un filet d'huile d'olive et les éplucher.
- Égrener les poivrons, tailler la chair en morceaux. Faire revenir les poivrons avec l'oignon épluché et émincé dans l'huile d'olive chaude, ajouter la gousse d'ail hachée et laisser confire cette préparation 10 minutes en remuant. Saler, poivrer, ajouter la crème, faire bouillir puis passer l'ensemble au mixer.
- Laver et effeuiller les herbes fraîches. Les mixer dans un robot avec le jus de citron, le jus d'orange et l'huile d'olive. Décortiquer les langoustines, les plonger une par une en premier dans le lait puis dans l'œuf battu et enfin dans la chapelure mélangée avec les graines de sésame et les zestes d'orange. Faire frire les langoustines 2 par 2 en les remuant puis les égoutter sur un torchon propre.
- Servir dans des petits verres individuels l'huile à l'herbe au fond, le coulis de poivron au-dessus puis la langoustine tiède. Vous pouvez accompagner ce plat de toasts ou de petits feuilletés chauds.

Beignets à la courgette

POUR 4 PERSONNES
- 4 petites courgettes bien tendres
- 1 cuillère à soupe de fleur de sel
- 1 bain de friture

Pour la pâte à beignets
- 50 g de farine
- 5 g de levure chimique
- 50 g de fécule
- 1 œuf
- 0,1 litre de lait

PRÉPARATION
35 minutes

TEMPS DE CUISSON
15 minutes

RÉALISATION

- Mélanger tous les ingrédients de la pâte dans un saladier en fouettant pour obtenir un mélange lisse et homogène.
- Tailler les courgettes en tranches régulières d'environ 1/2 cm d'épaisseur. Plonger les tranches de courgette dans la pâte à beignets et les faire frire 4 par 4 dans une huile assez chaude.
- Les égoutter sur une feuille de papier absorbant.
- Les saler avec de la fleur de sel et les servir en apéritif ou en garniture d'un poisson ou d'une viande grillée.

Pages suivantes, de gauche à droite :
Beignets à la courgette, recette ci-dessus.
Bientôt les moissons entre Brie et Champagne.

LES RECETTES DE

GÉRARD BOYER

POUR 4 PERSONNES

Pour le pied de cochon

- 4 pieds de cochon cuits 2 heures dans un bouillon puis désossés
- 500 g de crépinette
- 1/2 litre de jus de cuisson des pieds de cochon
- 150 g de foie gras
- 10 cl de madère
- 20 cl de vin rouge
- 150 g de carottes
- 75 g de céleri
- 1/2 poireau
- 1 oignon
- 500 g de lentillons de Champagne (vous pouvez utiliser également des lentilles du Puy)
- 80 g de graisse d'oie + 50 g pour la cuisson des pieds
- 1/4 de litre de fond blanc
- Sel et poivre

Pour la vinaigrette

- 30 g de vinaigre de xérès
- 50 g d'huile de noix
- 100 g d'huile de truffe
- 20 g de truffes hachées
- Sel et poivre

PRÉPARATION
2 heures

TEMPS DE CUISSON
3 heures

Mandoline à truffes.

Pieds de cochon farcis au foie gras en cocotte, lentillons roses de champagne, vinaigrette à la truffe

RÉALISATION

• Éplucher, laver et tailler en gros morceaux les carottes, le céleri et l'oignon. Laver et émincer grossièrement le poireau. Dans une grande casserole, faire fondre la graisse d'oie. Ajouter les légumes. Faire fondre le tout dans la graisse d'oie 5 minutes sans coloration puis verser les lentilles et le fond blanc. Les faire cuire à feu doux environ 45 minutes en remuant de temps en temps. Égoutter s'il reste du liquide et réserver au chaud.

• Désosser les pieds de cochon cuits en petits morceaux, étaler 4 grands morceaux de crépines sur le plan de travail. Poser au centre de chaque morceau un pied de cochon et 1 petit boudin de foie gras en plein milieu du pied dans la longueur. Rouler les crépines pour former des petits boudins hermétiques.

• Faire fondre le reste de la graisse d'oie dans une cocotte. Saisir délicatement les boudins dans la graisse chaude pour les colorer de chaque côté.

• Verser le vin rouge, faire réduire de moitié, ajouter le madère et le jus de cuisson des pieds. Laisser mijoter et réduire les pieds de cochon 1 heure en les arrosant de temps en temps.

• Ajouter les lentillons dans la cocotte et laisser cuire 1/2 heure de plus en prenant garde qu'ils n'attachent pas au fond de la casserole.

• Mélanger tous les ingrédients de la vinaigrette dans un bol en remuant.

• Servir les pieds de cochon accompagnés des lentilles dans la cocotte. Arroser de vinaigrette à la truffe.

POUR 4 PERSONNES
- 2 rognons de veau moyen dégraissés
- 150 g d'épinards frais
- 4 grosses échalotes
- 1 échalote grise
- 1 dl de vin rouge
- 150 g de beurre + 80 g pour la cuisson des rognons + 60 g pour la cuisson des épinards

Pour la sauce
- 1/4 litre de vin de Xérès
- 1/4 de litre de fond de veau
- 80 g de beurre
- 50 g de champignons de Paris

Pour le flan de foie gras
- 100 g de purée de foie gras (130 g de foie gras cru mixé dans un robot et passé au tamis)
- 1 œuf
- 40 g de crème épaisse
- 1 dl de crème liquide
- 1 cuillère à café de cognac
- 50 g de beurre en pommade pour les moules
- Sel et poivre

PRÉPARATION
1 heure 30

TEMPS DE CUISSON
1 heure 30

Des tranches de rognons de veau poêlés, des épinards juste saisis, un petit flan de foie gras, le jus au xérès

RÉALISATION

• Beurrer des petits moules 2 fois avec un pinceau et le beurre en pommade (vous pouvez utiliser des tasses à café ou des petits moules en aluminium) puis les réserver au réfrigérateur.

• Mélanger dans un saladier en fouettant la purée de foie gras, la crème épaisse et liquide et l'œuf. Verser ce mélange dans les petits moules et faire cuire les flans 30 minutes à 150 °C au bain-marie.

• Suer les champignons au beurre. Ajouter le vin de Xérès.

• Faire réduire le xérès de moitié dans une casserole, ajouter le fond de veau puis refaire réduire de 3/4, toujours à petit bouillon. Mixer. Rectifier l'assaisonnement puis garder à température.

• Laver et envelopper les échalotes dans une feuille de papier aluminium et les faire cuire 40 minutes au four avec 30 g de beurre, sel et sucre.

• Éplucher et hacher l'échalote grise, faire fondre le beurre dans une petite casserole, ajouter l'échalote et la faire fondre 5 minutes sans coloration en remuant.

• Verser le vin rouge et faire réduire cette préparation presque à sec. Arrêter le feu, refroidir, ajouter les 150 g de beurre et remuer. Réserver ce beurre vigneron à température ambiante.

• Tailler les rognons en tranches épaisses d'1 cm d'épaisseur.

• Saisir les tranches à feu vif des 2 côtés dans le beurre chaud puis les égoutter et les ranger dans un grand plat en terre. Arroser chaque tranche de cuisson avec le beurre vigneron et terminer la cuisson au four selon votre préférence.

• Juste avant de dresser les assiettes, faire sauter les épinards « à cru », saler et poivrer dans le beurre chaud.

• Dresser les tranches de rognons sur des grandes assiettes, poser à côté une échalote confite fendue en deux, un petit tas d'épinards sautés au beurre.

• Poser sur les épinards un flan au foie gras.

• Faire chauffer la sauce, ajouter en fouettant les 80 g de beurre frais taillé en petits morceaux. Napper le fond des assiettes avec la sauce et servir.

Une rue est dédiée au père de Gérard, à Reims.

LES RECETTES DE
GÉRARD BOYER

POUR 4 PERSONNES

Pour la crème brûlée
- 60 g de sucre
- 60 g de cassonade pour gratiner
- 5 jaunes d'œufs
- 40 g de truffes fraîches
- 1/2 litre de crème liquide

Pour le moelleux chocolat
- 60 g de chocolat à 70 % de cacao
- 70 g de beurre + 50 g pour les moules
- 50 g de sucre
- 2 œufs
- 1 jaune
- 40 g de farine
- 15 g de cacao poudre
- 2 g de levure chimique
- 1 litre de porto réduit à 1/4

PRÉPARATION
1 heure

TEMPS DE CUISSON
10 minutes

En cuisine.

Crème brûlée aux truffes noires, un chaud et moelleux biscuit au chocolat, le tout souligné d'un trait de réduction de porto, un sorbet au chocolat

RÉALISATION

• Préparer la crème brûlée en mélangeant les jaunes avec le sucre dans une grande jatte pour obtenir un mélange onctueux. Ajouter la crème liquide et les truffes fraîches hachées.

• Mouler les crèmes dans le fond de 4 assiettes creuses en mettant un petit cercle au milieu afin de laisser la place pour le moelleux. Faire cuire directement dans les assiettes à 70 °C pendant 1 heure. Lorsque les crèmes sont cuites et froides, les recouvrir d'un papier film et les laisser reposer.

• Préparer le moelleux en fouettant dans un grand saladier les œufs et le jaune avec le sucre en poudre. Lorsque le mélange est bien homogène ajouter la levure, la farine, le cacao en poudre, le chocolat fondu et le beurre en pommade. Beurrer 4 petits cercles de 60 mm de diamètre. Verser le mélange à moelleux jusqu'à mi-hauteur et faire cuire les moelleux 4 minutes au four à 200 °C.

• Caraméliser la crème avec un chalumeau.

• Démouler les moelleux un par un délicatement pendant qu'ils sont encore tièdes. Les poser au centre des crèmes brûlées, garnir l'espace vide entre la crème et le moelleux avec de la réduction de porto.

• Servir rapidement pour garder le contraste entre le moelleux chaud et la crème tempérée. Vous pouvez accompagner ce dessert avec un sorbet ou une glace au chocolat.

ARNAUD DAGUIN

LES PLATANES

BIARRITZ

L'HOMME

Il a connu les étoiles, la vie de chef d'entreprise, les chroniqueurs qui guettent le faux pas, la brigade qu'il faut secouer, brusquer, sacrifier. Puis il est parti. Pas loin, il n'a pas quitté son Sud-Ouest natal, mais au calme, sans les souvenirs familiaux, sous les platanes de Biarritz. Devant la porte de son restaurant, il n'a même pas cherché la plage ni les ors du Casino et du Grand Hôtel. Plutôt un quartier tranquille où l'on ne vient que pour le voir. Toute la famille vit à l'étage. Véronique, sa femme, est en salle. Il dit que sa cuisine ne serait pas la même s'il ne l'avait pas rencontrée. C'est elle qui dicte la couleur de son monde. Lui œuvre en coulisse, avec juste un commis et un plongeur.
Tous les jours, donc, Arnaud Daguin se paie le luxe d'inventer, d'improviser, de n'écrire sa carte qu'au retour du marché, en fonction des produits trouvés aux halles et de ses humeurs. Il se sent comme un miraculé de la liberté, tant l'image du père fut difficile à liquider. Le père donc, André Daguin. Un grand de la cuisine du Sud-Ouest. Fils de restaurateur déjà, et formé à l'ancienne école, il fut chef de cuisine à la Compagnie des Wagons-lits, à l'époque où cette entreprise tournait comme une ambassade de la cuisine française. Inventeur néanmoins. Les magrets de canard juste rôtis, promus fleurons de la gastronomie mousquetaire alors qu'ils finissaient auparavant dans le pot à confit, c'était lui. L'homme passa dans la foulée grand maître en foie gras et palombe dans ce temple que fut, en son temps, l'*Hôtel de France* d'Auch. Aujourd'hui il s'est reconverti, vu qu'il a le verbe haut, en porte-parole des restaurateurs de France.
Dans cette famille où le talent s'impose, Arnaud a donc bataillé pour faire entendre sa voix. Il se souvient des jeudis après-midi collé en cuisine à aider le vieux chef de l'établissement familial. « Il me terrorisait, il criait fort, il balançait les gamelles,

mais avec lui, j'ai tout vu, sans avoir besoin d'apprendre les bases dans une école de cuisine. » Il est ensuite monté à Paris, étudiant en fac, puis en formation à Washington. Il a cru longtemps qu'il ferait tout, de la danse, du théâtre ou tout simplement la bringue, plutôt que de se retrouver au fourneau. « Tout le monde attendait que je m'y mette, et, à vingt ans, c'est terrible de se sentir sur des rails. » Il a fini par y venir quand même. A repris un temps les cuisines d'André, jusqu'à ce que les tempéraments des deux hommes s'affrontent pour de bon. Il a décidé alors d'exister tout seul ailleurs. Autrement. « Je ne veux plus être un meneur d'homme. Je ne veux plus penser qu'*a priori* tous ceux qui m'entourent ne cherchent qu'à me trahir. »

À Biarritz, il peut prendre son temps. Vingt couverts par service, pas de quoi s'imposer une logique industrielle. Il comprend, enfin, ce qu'est aussi le métier de cuisinier. « Pas de l'art pur. La cuisine est liée à trop de contraintes, à commencer par la répétition. Même si je change de carte tous les jours, il faut que je puisse reproduire quinze, vingt fois la même recette. Et je suis tributaire de produits éphémères. Une Saint-Jacques, dès qu'elle est sortie de sa coquille, c'est le compte à rebours qui commence. » Pas de l'art pur, donc, mais néanmoins du grand art ■

LE PAYSAGE

Son Sud-Ouest à lui, le Gers, est plutôt terrien. Volailles gavées, maïs et retours de chasse le dimanche. Installé au Pays basque, Arnaud Daguin a dû se faire à la mer et aux marées. Poissons de ligne et gambas sont désormais sur sa carte, aux côtés des foies gras avec lesquels il a grandi. Les gambas viennent toutes fraîches d'un élevage de la côte océane, il les prépare en soupe, additionnées... de gambas. Les têtes dans le bouillon, les queues décortiquées. Une pirouette aussi lexicale que gourmande.

Sur les produits qui font sa cuisine, Arnaud Daguin a des idées précises. Le jambon ?

Ci-contre, de gauche à droite :
La tomme, un fleuron du pays basque.
Le temps de vivre : passage d'un vol d'oies sauvages.
Foie gras de poularde, une spécialité maison.

Ci-dessus :
La côte de Biarritz.

Pages suivantes,
de gauche à droite :
Ici, les gamins jouent à la pelote aussi naturellement qu'au ballon.
Les pigeons, tout un symbole pour Arnaud Daguin.

Il l'aime coupé gros, séché dans la cave d'un paysan voisin, en pleine montagne. « C'est déjà de la cuisine, cette cuisson au sel étalée sur plusieurs mois. » Le poulet ? Plutôt de dix-neuf semaines, pour qu'il ait de la tenue à la cuisson. « J'ai poussé un producteur de la région qui faisait de la volaille industrielle, à monter un élevage traditionnel. Il ne le regrette pas. À présent, ses volailles, grasses et rondelettes à point, sont les meilleures de la région. » Les cèpes ? En saison uniquement car les conserves ne sont pas sa culture. Quant aux célèbres piments d'Espelette, village pourtant voisin de la ferme qu'il vient d'acheter, il les utilise mais n'en fait pas toute une histoire. « C'est un excellent condiment, mais si je n'en avais pas, franchement, ma cuisine n'en serait pas bouleversée. »

Arnaud Daguin aime surtout quand la culture vient à l'appui de la nature. « L'histoire du foie gras commence par l'observation toute simple d'un chasseur : une oie à l'automne fait des réserves d'énergie avant la grande migration. Son foie grossit et devient plus savoureux. Peut-on reproduire cela dans un élevage ? Et à toutes les saisons ? Comment améliorer ensuite la taille et la qualité du foie ? Toute l'histoire du foie gras tient dans ces tâtonnements. Je ne me suis jamais lassé du foie gras. » Ni du chocolat, qui fait la réputation de ses desserts. Un hommage à la tradition locale, puisque le chocolat, jadis importé d'Amérique par Bayonne, raconte l'histoire de la région. Mais plus encore une philosophie. « Le chocolat, c'est le même miracle que le foie gras. Rien de plus rébarbatif que la cabosse du cacaotier. Tant que la fève n'est pas extraite, qu'elle n'est pas fermentée, torréfiée, raffinée, tant qu'on n'a pas eu l'idée d'en faire une pâte avec le beurre qu'on en a extrait, elle n'est rien. C'est le génie humain qui met la nature en valeur. »

1992

Les
Platanes
Véronique & Arnaud Daguin

LE STYLE

Le pigeon désossé est son classique. « Dans ma vie, j'ai dû en désosser 15 000. Au début, je mettais un quart d'heure par pigeon. Aujourd'hui, en deux minutes trente, c'est fait. » Voilà autant de temps gagné pour inventer la suite. La farce au potimarron, aux châtaignes, aux foies gras ou aux truffes, selon les jours. Car un pigeon désossé n'est rien, juste une technique. Tout commence après, dans les mille façons de le préparer. Le geste, il l'a appris dans des maisons bourgeoises. Ce que devient le volatile ainsi apprêté est en revanche son affaire à lui et à lui seul. De façon générale, Arnaud Daguin ne s'en tient jamais à la précision d'une recette. Il travaille à l'instinct, selon l'inspiration du moment, se lance en plein service sans finasser d'abord sur d'interminables mises au point. « Comme un écrivain qui travaillerait d'un seul jet, sans faire de brouillon. » À l'opposé d'un Ferran-Adrian le Catalan inspiré d'El Bullit, qu'il cite cependant et respecte. « Sa cuisine est conceptuelle. Une succession de saveurs, de textures, presque abstraites. Moi, au contraire, j'essaie d'exalter la vérité du produit. »

La formule n'est pas nouvelle. Il le concède. Elle mérite précision. Non, cela ne signifie pas qu'il faut laisser le produit tel qu'il est : « Un poisson grillé, en fait, c'est horrible. » Plutôt le mettre en valeur sans en masquer la nature. « Trois saveurs dans une assiette, pas plus. Le foie gras à ma façon, c'est la saveur et le moelleux du foie, un légume pour le rafraîchir et un condiment qui relève le tout. » ■

Page de gauche :
Sous les platanes, une affaire de famille...

Ci-contre, de gauche à droite :
Jour de congé à la ferme. Doux ou piquants, rouges ou verts, les piments basques.

Velouté de gambas aux gambas

POUR 4 PERSONNES
- 16 gambas bien fraîches
- 4 salsifis
- 50 g de haricots tarbais frais
- 4 cuillères à soupe d'huile d'olive + 2 pour cuire les gambas
- 1 bassine de friture
- 200 g de céleri-rave
- 1 échalote
- 1 gousse d'ail
- 1/4 de litre de fumet de poisson
- Sel et poivre

PRÉPARATION
1 heure

TEMPS DE CUISSON
30 minutes

RÉALISATION

• Décortiquer les haricots et les faire cuire à l'eau bouillante. Les égoutter. Saler, poivrer et mixer dans un robot avec une cuillère à café d'eau.

• Éplucher et tailler le céleri en plusieurs morceaux d'environ 5 cm de diamètre. Les faire cuire à l'eau bouillante salée, les égoutter et les garder au chaud dans un fond de fumé de poisson. Éplucher et tailler les salsifis en fins copeaux. Les faire frire 3 minutes en les remuant sans cesse avec une écumoire dans la friteuse. Lorsqu'ils sont bien dorés, égoutter les chips de salsifis sur une feuille de papier absorbant et les garder au chaud.

• Décortiquer les gambas, garder les têtes et les carapaces.

• Faire chauffer l'huile d'olive dans une casserole. Verser les têtes et les carapaces dans l'huile fumante en remuant. Ajouter l'échalote épluchée et hachée, la gousse d'ail écrasée avec la peau. Baisser le feu et laisser à feu doux 2 minutes. Verser le fumet de poisson, saler, poivrer et laisser mijoter à petit bouillon pendant 30 minutes.

• Ajouter la purée de haricots dans le velouté de gambas, faire bouillir en fouettant, passer au chinois et garder au chaud. Saler, poivrer et poêler les gambas 1 minute sur chaque face à l'huile d'olive.

• Dresser les queues de gambas dans des assiettes creuses avec les morceaux de céleri. Verser dessus le velouté bouillant, poser les chips de salsifis sur le dessus et servir.

Crème de cresson aux pétoncles

POUR 4 PERSONNES
- 2 bottes de cresson
- 24 pétoncles
- 5 cl d'huile d'olive
- 40 g de beurre
- 1/4 de litre de crème liquide
- Sel et poivre

PRÉPARATION
30 minutes

TEMPS DE CUISSON
5 minutes

RÉALISATION

• Laver les bottes de cresson et l'effeuiller grossièrement.

• Faire fondre le beurre dans une petite casserole. Saisir le cresson dans le beurre mousseux, lorsqu'il est « tombé », ajouter la crème liquide, faire bouillir 2 minutes, saler, poivrer et mixer.

• Poêler les pétoncles dans l'huile chaude, les disposer sur la crème de cresson et servir.

Pages suivantes, de gauche à droite :
Inspection des verres.
Les pétoncles à la crème de cresson, recette ci-dessus.

POUR 4 PERSONNES
- 4 morceaux de foie gras de canard cru (environ 150 g chacun)
- 4 gros champignons de Paris
- 400 g d'épinards frais
- 1 gousse d'ail
- 60 g de beurre demi-sel
- 4 cuillères à café de vinaigre de xérès
- Gros sel de Guérande
- Sel fin et poivre

PRÉPARATION
35 minutes

TEMPS DE CUISSON
20 minutes

Pâturages en pays basque.

Foie gras de canard poché

RÉALISATION
- Laver et équeuter les champignons de Paris. Les saisir dans une poêle sur la tête sans matière grasse et les laisser colorer, voire quasiment « brûler » 5 minutes à feu moyen. Les garder au chaud au-dessus du fourneau ou au four.
- Équeuter et laver les épinards à grande eau. Les essuyer soigneusement dans un torchon. Faire fondre le beurre dans une grande poêle, ajouter la gousse d'ail écrasée avec la peau.
- Saisir les épinards 2 minutes dans le beurre fondu en remuant, saler, poivrer, égoutter et garder au chaud.

DRESSAGE
- 10 minutes avant de passer à table, ébouillanter les morceaux de foie gras un par un, 3 minutes dans une casserole d'eau salée. Les passer ensuite, toujours un par un, 30 secondes au micro-ondes à 500 W.
- Dresser les lobes de foie gras encore chauds sur les assiettes, ajouter les épinards et une tête de champignon émincée. Verser une cuillerée de vinaigre de xérès sur chaque morceau de foie gras, assaisonner avec le gros sel.

POUR 4 PERSONNES
- 4 filets de maigre d'environ 180 g chacun (vous pouvez également réaliser cette recette avec du filet de loup ou du thon)
- 6 gros artichauts de Bretagne
- 6 cuillères à soupe d'huile d'olive + 4 cuillères à soupe pour la cuisson du poisson
- 1 bassine de friture
- 1 citron
- Fleur de sel
- Sel et poivre

PRÉPARATION
45 minutes

TEMPS DE CUISSON
45 minutes

Un cuisine tournée vers les saveurs du Sud.

Filet de maigre poêlé, aux artichauts à l'huile d'olive

RÉALISATION

• Découper la pointe et casser la queue des artichauts. Avec un petit couteau bien aiguisé, tailler en tournant délicatement pour retirer les feuilles sur la tranche et sur le fond des cœurs. Les éplucher un par un pour ne garder que la chair et le foin. Les citronner pour éviter qu'ils noircissent.

• Réserver deux de ces cœurs d'artichauts dans un récipient d'eau froide citronnée et faire cuire les 4 autres dans de l'eau citronnée.

• Au bout d'une vingtaine de minutes, vérifier la cuisson avec la pointe d'un couteau. Lorsqu'ils sont cuits, les égoutter et les rincer sous l'eau froide.

• Écraser ces fonds d'artichauts avec une fourchette dans un saladier, ajouter les 6 cuillères à soupe d'huile d'olive, saler, poivrer et mélanger pour obtenir une purée grossière.

• Faire chauffer l'huile de friture. Égoutter et essuyer les deux fonds d'artichauts crus. Les passer dans la farine. Les tailler en très fines lamelles régulières et les faire frire 5 minutes dans l'huile très chaude pour les colorer. Les égoutter sur une feuille de papier absorbant, les saler avec la fleur de sel et les réserver au chaud.

• Faire poêler 3 minutes de chaque côté les filets de poisson préalablement salés dans une poêle antiadhésive avec le reste de l'huile d'olive.

• Réchauffer la purée 3 minutes au micro-ondes et dresser les filets de maigre sur la purée. Recouvrir de friture d'artichauts.

LES RECETTES DE
ARNAUD DAGUIN

POUR 4 PERSONNES
- 4 pêches blanches assez fermes
- 1/4 de litre de crème liquide bien fraîche
- 3 gousses de vanille
- 1 cuillère à soupe de sucre glace
- 1 feuille de papier cuisson
- 1 cuillère à café d'huile d'arachide
- 500 g de pâte feuilletée (vous pouvez la commander chez votre pâtissier)
- 250 g de sucre en poudre pour le sirop
- 100 g de sucre glace pour caraméliser le feuilletage
- 10 morceaux de sucre
- 4 cuillères d'eau froide

PRÉPARATION
1 heure

TEMPS DE CUISSON
1 heure

La plage de Biarritz, en face du Grand Hôtel.

Feuilleté à la pêche

PRÉPARATION DES PÊCHES (LA VEILLE)

• Retirer le pédoncule des pêches et les ébouillanter 3 minutes dans une grande casserole d'eau. Les égoutter et les rafraîchir sous un filet d'eau froide. Les éplucher délicatement avec la pointe d'un couteau.

• Mélanger le sucre en poudre avec 1/2 litre d'eau froide et 1 gousse de vanille fendue en deux. Faire cuire ce sirop 10 minutes, puis plonger les pêches dedans. Les laisser cuire à feu doux jusqu'à ce qu'elles se détachent de leur noyau. Lorsqu'elles sont cuites, moelleuses mais encore un peu fermes, arrêter le feu et laisser refroidir dans le sirop.

PRÉPARATION DU GÂTEAU

• Étaler la pâte feuilletée sur une grande plaque à pâtisserie et la faire cuire 20 minutes à 180 °C recouverte d'une grille pour éviter qu'elle se développe trop. Sortir la pâte du four, la saupoudrer de sucre glace et l'enfourner de nouveau 10 minutes environ. Lorsque la pâte et bien cuite, croustillante et dorée, découper 8 morceaux identiques avec un gros couteau à dents.

• Faire un caramel dans une petite casserole sans remuer, avec les morceaux de sucre et les 4 cuillères d'eau. Lorsque le caramel est blond, arrêter la cuisson en trempant le fond de la casserole dans un récipient d'eau froide. Laisser le caramel refroidir en le remuant de temps en temps avec une fourchette.

• Lorsque le caramel commence légèrement à filer sur la pointe de la fourchette, tirer de longs cheveux de sucre sur une feuille de papier cuisson huilée en trempant les pointes de la fourchette dans le caramel refroidi.

• Tailler les 2 gousses de vanille en deux, les gratter et mélanger les grains et les gousses dans la crème liquide, la fouetter en chantilly en y ajoutant la cuillère à soupe de sucre glace.

• Dresser 2 demi-pêches sur un morceau de feuilleté, recouvrir de crème fouettée, puis d'un nouveau morceau de feuilleté. Poser sur le dessus des cheveux de sucre et servir immédiatement.

RADIOLA

MARC HAEBERLIN

AUBERGE DE L'ILL

ILLHAEUSERN

L'HOMME

Enfant, Marc Haeberlin se construisait des cabanes avec les caisses qu'il piquait chez son père. Des caisses en bois qui avaient servi à transporter des homards et qui donnaient aux chênes de la forêt une odeur de poisson. Il a joué aussi sur la terrasse, sans savoir qu'en salle, juste derrière lui, déjeunaient des princes et leurs ministres. Plus grand, il a rêvé d'être agriculteur ou garde-chasse, pour ne pas quitter la nature. Il a finalement préféré mettre sa nature dans les assiettes.

Pas sûr, à vrai dire, que la question du choix se soit vraiment posée. Cuisinier, ça va de soi, chez les Haeberlin. Paul, son père, tenait déjà ça de son père, qui lui-même... Même Jean-Pierre, l'oncle, s'est trouvé embarqué dans l'affaire. Il avait pourtant fait les Arts déco, peint et étudié l'architecture, mais c'est en salle qu'il a finalement fait toute sa carrière. Le bonheur en famille, tous sous le même toit jusqu'à ces dernières années, ne laisse à l'écart ni ancêtres ni descendants. Marc lui-même a des enfants et des neveux, qui s'intéressent déjà au métier. « Quand ma grand-mère, qui vivait un peu à l'écart de l'auberge, a senti sa fin approcher, elle a réuni non seulement la famille mais aussi tout le personnel. Elle nous a remerciés, tous en bloc. Dix minutes plus tard, elle était morte. »

Un homme hors du temps, dans la continuité des générations qui passent. Aussi fluide que l'Ill qui va sous sa fenêtre. Il a fait son tour de France chez les meilleurs de l'époque, Bocuse, Lasserre et Troisgros. « Ma première nuit à Roanne, face à la gare. Je regardais l'enseigne Troisgros. Je n'en revenais pas d'y être. » Mais il est revenu ensuite au point de départ, dans la belle maison, laquelle vient de fêter ses cent cinquante ans.

À vrai dire, cette maison a eu deux vies. Elle fut d'abord *L'Arbre Vert*, table d'hôte généreuse au bord de la rivière où les femmes préparaient du gibier et des matelotes d'anguilles. Les tables dehors à la belle saison, sous un gros saule pleureur. Une vie de village au pied du pont de bois. Et voici qu'à la dernière guerre, un bombardement détruit tout, le pont, la maison et le vieux saule. Il faut partir ou repartir. Paul et Jean-Pierre décident de reconstruire et vont même dénicher dans un autre village, pour la remonter sur place, une demeure à colombages et toits pointus qui date de 1578. Ils s'enracinent et décident, du même coup, de hausser leurs ambitions.

Commence alors une autre vie, qui dure encore. Costume impeccable, regard à la Louis Jouvet et ordre du Mérite épinglé au revers du veston, Jean-Pierre vient toujours saluer les clients dans la salle. Paul ne peut pas se passer, à près de quatre-vingts ans, d'enfiler sa veste de chef. Son fils a conservé les étoiles qu'il avait gagnées. Tout est là, et pourtant tout a changé, par ajustements successifs, comme l'aime Marc. « Les exigences ne sont plus les mêmes, les goûts changent. Quand on a eu notre troisième étoile, on faisait encore du melon au porto et de l'avocat crevette... » C'est le statut même du chef qui s'est trouvé bouleversé : « Quand mon père a eu sa troisième étoile, *Les Dernières Nouvelles d'Alsace* n'en ont même pas parlé. Aujourd'hui, je suis sollicité toutes les semaines par des journalistes. »

N'empêche : devenu vedette, Marc n'oublie pas d'où il vient. Tous les vendredis saints, il continue de faire la matelote et le dimanche, après la messe, son salon accueille, pour l'apéro, les gens du village qui avaient leurs habitudes là, du temps de *L'Arbre Vert* ■

LE PAYSAGE

Son père fut élu par quatre fois maire du village. Lui-même parle alsacien et rend hommage à sa région dans ses livres. Même s'il utilise comme tout le monde les truffes du Périgord et les homards bretons, Marc Haeberlin tient à donner à sa carte la couleur de sa terre.

Ci-contre,
de gauche à droite :
La confiture d'églantine, préparée par le chef, est vendue à l'hôtel. Une fenêtre de l'hôtel. Le foie gras est servi à la cuillère, comme autrefois en Alsace, recette page 94.

Page de droite :
Une fournée de bretzels

Il y a les choux. Les frais pommés à point, ceux du maraîcher du village, ou ceux de la choucroute, qui viennent bien sûr de Krautergersheim, « chou-ville » en alsacien. Les carpes, sandres, brochets, saumons et anguilles qu'Adrien, un des derniers professionnels, continue à pêcher, en barque et au filet, sur le Rhin et ses affluents. Les faisans et les lièvres que livrent, en saison, les copains du village. Lui-même s'y connaît en gibier : c'est son grand-père maternel, un fin homme de l'art, qui l'a initié. Les vins d'Alsace dont la découverte n'est jamais achevée, malgré les 150 références de la carte et les conseils de Serge Dubs, meilleur sommelier du monde et vingt ans de maison. Il y a, surtout, une écriture nourrie à la terre généreuse dont il vient.

Pour autant, la cuisine de Marc Haeberlin ne fait jamais couleur locale. Elle procède plutôt par allusion, réminiscence. C'est un lit de chou rouge, presque paysan, qui accompagne un col-vert délicatement laqué. Ce sont quelques knepflas, ces petites pâtes rondes que l'on faisait autrefois dans toutes les maisons et une compote de fruits secs, les seuls vrais fruits de l'hiver, autour d'un chevreuil. C'est, au dessert, une glace à la bière qui couronne une salade d'agrumes sur un lit de pain d'épice, autre spécialité locale. Beaucoup de ses plats sont légèrement épicés. « Car l'Alsace est sur les grandes voies de communication. Une terre de marchés et de marchands, influencée, grâce à la communauté juive, par la cuisine d'Europe centrale. » Une terre ouverte, en somme, à l'image de sa propre cuisine ■

LE STYLE

Soit, par exemple, le foie gras. Un produit éminemment local n'en déplaise aux mousquetaires du Sud-Ouest. Les dessins d'Hansi nous le rappellent : on gave depuis longtemps les oies dans les cours des fermes alsaciennes. Marc sert son foie gras mi-cuit, tiède et moelleux à point. Mais il l'associe à une salade de tripes émincées et à des fèves. Des abats, un légume qui l'on donnait autrefois aux

Pages précédentes, de gauche à droite : *Nouveau décor d'une des chambres à l'hôtel. Apprenti en cuisine : les chefs sont aussi des formateurs.*

Ci-contre de gauche à droite : *La pâte à Kouglof est mise à « pousser ». Un chef qui ne quitte pas ses fourneaux. Les pêches au sirop, base d'un classique inventé par le père de Paul, recette page 98.*

Une collection de coulis de fruits.

cochons, mais aussi une mousseline de truffes. L'alliance des contraires, du roturier et de l'aristocrate. « J'aime jouer sur différents registres. Associer une truffe entière à une purée de pommes de terre, préparer une choucroute à l'esturgeon avec un beurre de caviar. » Ça fait enrager son père, qui trouve ces innovations un peu osées, mais l'ancêtre ne lui en veut pas. Le fiston a du talent.

Du respect, aussi. Sa carte continue de proposer les grands plats qui ont fait la réputation de Paul. Le saumon fumé soufflé, la mousseline de cuisses de grenouilles, le lièvre à la royale. Même Edouard Weber, un ancien cuisinier de la cour des Romanov à Saint-Pétersbourg, le maître de son père, continue d'être cité et la timbale de saule et homard reste faite à sa façon. Tous les classiques, en fait, n'ont pas bougé. « J'ai juste diminué les portions pour les adapter à nos estomacs. »

Pour le reste, Marc compose à sa manière, c'est-à-dire sans révolution, mais avec création. « Je déteste qu'on me pose un plat sur la table en me disant : Goûte, je te dirai ensuite ce que c'est. Je veux identifier ce que je mange. On peut étonner, aussi, en utilisant des techniques classiques. » Il y parvient à chaque bouchée. Par une accumulation de détails. Une surcharge de finesses ■

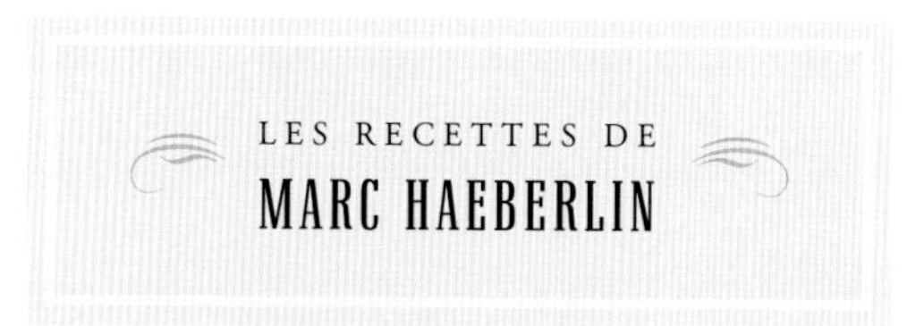

POUR 4 PERSONNES
- 300 g de filet de saumon sans arêtes et sans peau
- 300 g de saumon fumé
- 2 échalotes grises
- 3 cuillères à soupe de vinaigre de vin
- 6 cuillères à soupe d'huile d'olive
- 15 cl de crème épaisse
- 4 œufs
- 1 cœur de salade frisée bien blanc
- 60 g d'œufs de hareng fumé
- 60 g d'œufs de truite
- 2 cuillères à soupe de vinaigre d'alcool
- Piment d'Espelette en poudre
- Sel et poivre

Pour la pâte à bricelet
- 125 g de crème liquide
- 25 g d'eau
- 9 g de sel
- 35 g de vin blanc
- 80 g de farine
- 9 g de kirsch

PRÉPARATION
45 minutes

TEMPS DE CUISSON
25 minutes

Sous la fenêtre, une écrevisse peinte en trompe l'œil.

Mille-feuille croquant de bricelet et d'œuf poché, sur un tartare de saumon mi-mariné mi-fumé aux œufs de hareng

PRÉPARATION DES BRICELETS

- Mélanger tous les ingrédients de la pâte dans un saladier en fouettant. Pour éviter les grumeaux mélanger en premier la crème, le sel et la farine tout doucement (comme une pâte à crêpes) puis ajouter le reste.
- Faire cuire les bricelets dans un appareil spécialisé. Sinon utiliser une petite poêle anti-adhésive et faire cuire des galettes très fines sans trop de matière grasse pour éviter de trop les colorer. Les mettre à reposer dans un endroit chaud pour qu'elles sèchent légèrement.

RÉALISATION

- Découper le saumon frais et fumé en petits cubes réguliers. Mélanger les deux saumons avec l'échalote hachée, le vinaigre et l'huile d'olive. Saler, poivrer, ajouter une pointe de couteau de piment d'Espelette.
- Pocher les œufs un par un 3 minutes dans de l'eau vinaigrée frémissante puis les égoutter sur un torchon propre.
- Dresser le tartare au centre des assiettes, poser sur le dessus la moitié d'un bricelet, l'œuf poché encore chaud puis l'autre moitié de bricelet.
- Disposer la frisée et les œufs de poisson autour dans l'assiette, ajouter une cuillère de crème fraîche battue et servir.

Mousseline de grenouilles "Paul Haeberlin"

PRÉPARATION

• *Cuisson des grenouilles* : Dans une sauteuse, faire suer au beurre 4 échalotes hachées. Mettre la moitié des grenouilles, mouiller avec le riesling, saler, poivrer et laisser mijoter 10 minutes. Sortir les cuisses de grenouilles en les égouttant, filtrer le fond de cuisson et le faire réduire de moitié à feu doux.

• *Préparation de la mousse* : Passer au mixeur la chair de brochet, ainsi que la chair du reste des grenouilles que l'on aura désossées à cru. Ajouter les 2 blancs d'œufs, laisser tourner et ajouter peu à peu le même volume de crème. Saler, poivrer.

Dès que la mousse est bien homogène, la sortir du mixeur et la réserver dans une terrine.

• *Préparation des épinards* : Équeuter les épinards et les plonger 5 minutes dans une casserole d'eau bouillante salée. Les égoutter dans une passoire et bien les presser entre les mains pour retirer toute l'eau.

Dans une sauteuse mettre 50 g de beurre ainsi que la gousse d'ail entière et écrasée avec sa peau. Dès que le beurre commence à mousser, mettre les épinards, saler, poivrer et laisser chauffer 5 minutes en remuant.

• *Préparation du concassé de tomates* : Éplucher et hacher une échalote. Retirer le pédoncule des tomates et les plonger 1 minute dans de l'eau bouillante salée, les égoutter, les rafraîchir et les éplucher.

Les ouvrir en deux, les épépiner et hacher la chair grossièrement.

Faire fondre 50 g de beurre, saisir l'échalote hachée dans le beurre mousseux sans la colorer, ajouter la chair de tomate, la feuille de laurier, le concentré de tomate et la pincée de sucre. Saler, poivrer, laisser réduire à feu doux 20 minutes en remuant souvent.

Arrêter le feu après réduction et laisser refroidir à température ambiante.

RÉALISATION

• Désosser les cuisses de grenouilles cuites et les réserver.

• Beurrer 8 ramequins, mettre la mousse dans une poche à douille et mouler au fond et sur les parois du ramequin en laissant un espace au centre.

• Remplir le creux avec les cuisses de grenouilles cuites et recouvrir avec une couche de mousse. Placer ces ramequins dans un bain-marie et cuire au four à 180 °C pendant 15 minutes.

• Lier le fond de cuisson des grenouilles réduites avec la cuillère de roux et faire bouillir. Ajouter le reste de crème et fouetter la sauce à feu doux sans la faire bouillir en ajoutant 75 g de beurre découpé en cubes. Terminer avec le jus de citron, rectifier l'assaisonnement.

• Démouler les ramequins sur les épinards, napper les mousselines avec la sauce, poser sur le dessus une petite quenelle de concentré de tomates et décorer avec la ciboulette.

POUR 6 PERSONNES

- **2 kg de cuisses de grenouilles**
- **200 g de chair de brochet**
- **2 blancs d'œufs**
- **1/2 litre de crème fraîche**
- **1 cuillère à café de roux (25 g de beurre fondu mélangé avec 25 g de farine)**
- **200 g de beurre + 50 g pour les ramequins**
- **1/2 bouteille de riesling**
- **5 échalotes**
- **500 g d'épinards**
- **1 gousse d'ail**
- **1/4 de botte de ciboulette**
- **2 tomates**
- **1 pincée de sucre**
- **1/2 citron**
- **Sel et poivre**
- **1 feuille de laurier**
- **10 g de concentré de tomates**

PRÉPARATION
45 minutes

TEMPS DE CUISSON
30 minutes

La pâtisserie.

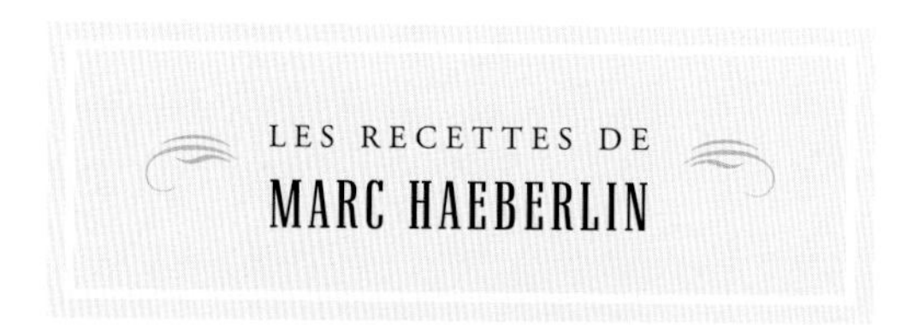

Duo d'omble chevalier au caviar d'Iran, mousseline de rattes à l'huile de noisette

POUR 4 PERSONNES
- 4 pavés d'omble chevalier (taillés dans le filet environ 110 g chacun)
- 900 g de pommes de terre « rattes »
- 80 g de beurre + 50 g pour cuire le poisson
- 1/4 de litre de crème
- 3 cuillères à soupe d'huile de noisette
- 60 g de caviar Sevruga
- Noix de muscade
- 1 pincée de piment d'Espelette
- Sel et poivre

PRÉPARATION
45 minutes

TEMPS DE CUISSON
30 minutes

RÉALISATION

• Faire cuire les pommes de terre entières dans une casserole d'eau bouillante salée. Les égoutter et les éplucher à chaud. Passer la chair des pommes de terre au tamis fin.

• Faire bouillir la crème liquide avec une pointe de couteau de noix de muscade râpée et une pincée de piment d'Espelette en poudre.

• Lier la mousseline de pommes de terre avec les 80 g de beurre en remuant énergiquement avec une spatule en bois. Rectifier l'assaisonnement et ajouter l'huile de noisette.

• Garder la mousseline de pommes de terre au chaud, au bain-marie. Au moment de servir assaisonner en sel et poivre les filets d'omble, les saisir dans une poêle dans le beurre mousseux. Les colorer sur les 2 faces en gardant la chair rosée.

• Poser les filets de poissons sur la pomme de terre mousseline, poser sur chaque filet une quenelle de caviar et servir.

Terrine de foie d'oie truffée

POUR 8 PERSONNES
- 1 lobe de foie gras d'oie (800 g)
- 13 g de sel
- 2 cl de cognac
- 2 cl de porto
- 40 g de truffe fraîche
- 100 g de graisse d'oie

PRÉPARATION
- 35 minutes
- Attente 24 heures

TEMPS DE CUISSON
40 minutes

RÉALISATION

• A l'aide d'un petit couteau partager le foie gras en deux, gratter soigneusement l'emplacement du fiel et retirer délicatement tous les vaisseaux sanguins. Assaisonner l'intérieur et l'extérieur des 2 lobes avec le sel, le porto et le cognac.

• Laisser macérer 24 heures.

• Ranger le foie dans une terrine en terre ou en faïence. Le presser délicatement, puis faire une fente délicatement avec le doigt au centre du foie pour y glisser la truffe coupée en morceaux et refermer.

• Couvrir avec le couvercle de la terrine.

• Cuire la terrine au bain-marie au four à 100 °C pendant 45 minutes.

• Laisser refroidir la terrine au bain-marie. Oter le couvercle et recouvrir de graisse d'oie fondue.

• Servir le foie gras avec une cuillère trempée dans l'eau chaude. Cette terrine peut être conservée deux semaines au réfrigérateur.

LES RECETTES DE

MARC HAEBERLIN

POUR 8 PERSONNES
- 500 g de farine
- 3 œufs
- 125 g de sucre
- 10 g de sel
- 250 g de beurre + 50 g pour le moule
- 15 g de levure
- 1/8 litre de lait
- 100 g de raisins secs de Malaga
- 1 cuillère à soupe de kirsch
- 10 amandes entières
- 1 cuillère de sucre glace pour saupoudrer le gâteau

PRÉPARATION
- 35 minutes
- Attente 2 heures 30

TEMPS DE CUISSON
1 heure

11 heures : pause-déjeuner avant le service.

Kouglof

RÉALISATION

- Délayer la levure dans la moitié du lait tiède, ajouter 2 cuillères à soupe de farine, pétrir 5 minutes et laisser lever ce levain dans un endroit tiède.
- Mettre le reste de la farine dans une terrine, ajouter le sel, le sucre et le lait tiède. Mélanger et ajouter les œufs et la moitié du beurre ramolli.
- Bien battre la pâte puis ajouter peu à peu le reste du beurre. Ajouter le levain qui aura doublé de volume. Battre encore quelques minutes. Il faut que la pâte se détache de la terrine.
- Ajouter les raisins de Malaga trempés au kirsch. Recouvrir d'une serviette humide et laisser lever dans un endroit tiède pendant 1 heure 30.
- Lorsque la pâte a doublé de volume, la rompre avec la main. Beurrer un moule à kouglof, garnir chaque rainure d'une amande entière, mettre la pâte, laisser pousser jusqu'au bord du moule. Cuire au four à 180 °C durant 1 heure.
- Lorsque le kouglof est cuit le laisser refroidir et le poudrer de sucre glace.

POUR 12 PÉTALES DE ROSE
- 12 pétales de roses de couleur rose, ramassés sur des fleurs non traitées
- 1 blanc d'œuf
- 1 pinceau
- 1 plaque à pâtisserie
- 1 feuille de papier cuisson
- 4 cuillères à café de sucre en poudre

PRÉPARATION
5 minutes

TEMPS DE CUISSON
4 heures

Pétales de roses au sucre à déguster avec un verre de gewurztraminer

RÉALISATION

• Laver délicatement les pétales de roses sous un filet d'eau froide et les sécher un par un avec une feuille de papier absorbant.

• Préchauffer votre four au minimum (environ 30 °C).

• Fouetter le blanc d'œuf dans un saladier pour qu'il devienne liquide. Badigeonner délicatement chaque pétale de rose avec un pinceau trempé dans le blanc d'œuf. Ranger les pétales en les séparant les uns des autres sur la grille à pâtisserie recouverte d'une feuille de papier cuisson.

• Saupoudrer chaque pétale de sucre en poudre.

• Enfourner les pétales à 30 °C pendant 4 heures pour figer le sucre et les cristalliser. La température ne doit pas augmenter. Vous pouvez ouvrir la porte du four pour obtenir 30 °C.

• Servir ces pétales au sucre froid en mignardises avec un verre de gewurztraminer.

POUR 4 PERSONNES
- 4 pêches blanches
- 1 gousse de vanille
- 1/2 bouteille de champagne
- 150 g de sucre en poudre + 250 g de sucre pour le sirop
- 1/4 de litre d'eau
- 8 jaunes d'œufs
- 4 boules de glace à la pistache
- 10 cl de crème liquide fouettée en chantilly

PRÉPARATION
30 minutes

TEMPS DE CUISSON
40 minutes

Pêches "Haeberlin"

RÉALISATION

• Retirer le pédoncule de chaque pêche et inciser la peau d'un coup de couteau. Plonger les pêches 1 minute dans une casserole d'eau bouillante. Les rafraîchir et les éplucher délicatement.

Faire bouillir pendant 10 minutes, 1/4 de litre d'eau mélangé aux 250 g de sucre en poudre avec la gousse de vanille fendue en deux. Pocher les pêches entières avec les noyaux 5 minutes dans ce sirop.

Les égoutter et les laisser refroidir à température ambiante. Vous pouvez préparer vos pêches à l'avance pendant la saison et les stériliser en bocaux dans le sirop à la vanille.

10 minutes avant de passer à table, monter le sabayon. Fouetter les jaunes avec les 150 g de sucre, mélanger dans une casserole hors du feu jusqu'à ce que le mélange blanchisse. Ajouter le champagne, remuer. Mettre sur feu doux au bain-marie et fouetter jusqu'à ce que la masse épaississe. Retirer du feu et fouetter jusqu'au refroidissement.

Au centre d'une grande assiette creuse placer la pêche au sirop, napper de sabayon et servir avec une boule de glace pistache et la crème Chantilly.

le bec

NICOLAS LE BEC

LES LOGES

LYON

L'HOMME

Un an ici, un mois là, un peu de Paris, retour à New York, la Seine-et-Marne puis un palace sur la côte d'Azur... On se perd facilement dans la vie de Nicolas Le Bec. Il précise qu'en ce temps-là, il n'a que dix-huit, vingt ou vingt-deux ans. C'est juste la boulimie de tout essayer, il veut voir travailler les grands, connaître dix recettes de feuilleté pour inventer la sienne, tout observer en douce avant de rendre son tablier. Il prouve sa liberté en avançant.

De toute façon, il a de la marge : il a commencé la cuisine à treize ans. Avant, il se souvient d'avoir déjà joué, tout gamin, avec des moules à tarte en fer-blanc. Nicolas Le Bec vient juste de passer la trentaine, mais c'est déjà un baroudeur. À Lyon, il se dit assagi, plus posé, puis se reprend. Non, il n'a pas dit son dernier mot. Il règne pourtant, en ce moment, sur un bien beau royaume. *La Cour des Loges*, réunion de quatre maisons Renaissance, un patio, et les pavés du quartier Saint-Jean pour terrain de jeu. Le restaurant est au pied de l'hôtel, dans un coin du patio, juste quelques places pour initiés tandis que les autres passent sans rien remarquer. À la tombée de la nuit, les tables de bois laqué sont nappées en gris. Les serveurs, vêtus d'anthracite, glissent avec grâce sous la verrière. Tout autour, sous les arcades en pierre brute, l'espace vibre par de rares lumières. C'est feutré et pensé comme un hôtel de New York qui serait revu par un designer français.

Celui-ci appartient pourtant à la très française chaîne des Hôtels de Montagne, qui possède également plusieurs établissements à Megève ainsi qu'un grand hôtel dans le Lubéron. Sept ans que Nicolas travaille dans cette société familiale qui vise chic et cher. C'est lui qui a monté, à chaque fois, les cuisines en faisant très concrètement la navette d'un hôtel à l'autre. Un vrai marathon. « Il m'est arrivé d'avaler 60 000 kilomètres en six mois, au volant de ma vieille Audi. »

Aux Loges, c'est différent. Il est chez lui puisque Jean-Louis Sibuet, le propriétaire, lui a proposé de s'associer. La contrepartie, c'est qu'il est un peu moins libre. Il ne peut plus partir du jour au lendemain.

Il se venge sur la cuisine, où il a bousculé, dès son arrivée, toutes les saveurs reçues d'une ville réputée bourgeoise et conventionnelle. Vêtu de noir, ainsi que toute sa brigade, jeune et plutôt grande gueule, il fait figure, quoi qu'il s'en défende, d'anti-Bocuse. La presse accroche, les critiques gastronomiques aussi. En 2002, soit quatorze mois après son arrivée aux Loges, Nicolas Le Bec a été sacré chef de l'année par Gault et Millaut. Le Michelin, lui, continue de l'ignorer. Au moins, ça fait parler les journalistes.

Ci-dessus : *Réflexions stratégiques*

Page de droite : *Une salle à manger du restaurant « Les Loges ».*

Nicolas Le Bec incarne la nouvelle génération des chefs, une génération rodée à la communication. Il tient la cuisine pour un concept global. Ne pas simplement savoir faire un fond de sauce, mais aussi rédiger une carte avec des mots justes, régler un plat d'un coup de crayon, dessiner les assiettes qui collent à l'esprit. Dernièrement, Nicolas vient d'ouvrir son bistrot. C'est une belle mécanique où tout est pensé. Des verrines en entrée. Des grillades, poisson ou viande, commandées au poids ensuite. Une purée de pommes de terre et une fricassée de girolles pour tous. Ainsi conçu, le service est facile à gérer, les produits excellents et la facture moderne.

Pour autant, Nicolas Le Bec se tient chaque soir devant ses fourneaux. Inquiet, il improvise et bouleverse sans cesse ses propres recettes. Il mange peu, dort peu. Comme il aime les paradoxes, il dit n'avoir jamais eu le temps de goûter l'un de ses plats achevés. Il lui suffit de les penser ■

LE PAYSAGE

Têtu, le Breton. Il soutient que non, les produits lyonnais ne sont pas les meilleurs du monde. Donc il n'achète pas ses poissons aux halles de la ville, ni ses saint-marcellins à la Mère Richard. Parmi les gloires locales, il n'y a guère que Colette Sibilia et ses saucissons pistachés qui trouvent grâce à ses yeux. Pour le reste, il continue de s'adresser à ses fournisseurs habituels. Cela ne se fait pas, dans la capitale de la gastronomie, mais lui, il est rodé.

Il faut dire que pour faire grandir *Les Fermes de Marie* à Megève, et alimenter la kyrielle de restaurants qui ont suivi, il a dû batailler et nouer des contacts.

« Quand je suis arrivé, on ne trouvait pas un légume frais dans toute la station. Les transporteurs ne voulaient même pas y monter. » Quelques années plus tard, une tonne de produits frais arrivent chaque jour en camion dans ses cuisines. Ça crée des liens. À Lyon, il n'a eu qu'à activer son réseau personnel. Sans religion particulière.

Donc pas de quenelle sauce Nantua ni de poularde en vessie sur les tables des Loges. Même le bon vieux Charolais s'incline ici devant le veau de Bavière. Topinambours, rhubarbe, céleris pied ou raves sont quelques-uns de ses légumes favoris. Pour le plaisir de les tirer de l'oubli ? Non, parce que ce sont de bons légumes d'hiver. Aux herbes aromatiques de Provence ou de Savoie, il ajoute sans vergogne quelques pincées d'épices de Chine. De façon générale, il préfère les herbes, vivantes, aux poudres mortes, mais il ne s'interdit rien. Il cuisine aussi volontiers la poitrine de col-vert de Sologne que le homard breton ou la truffe d'Alba. Il se dit libre, libre comme l'air du temps ■

LE STYLE

Sa carte change tous les mois, mais le principe perdure. « La peau de courgette verte, mixée à l'eucalyptus, cœur de cabillaud vapeur, encornet tendre grillé. » Ou encore « Les artichauts violets aux pousses d'estragon, poitrine de pigeonneau demi-sel au bois de cèdre. » C'est annoncé, écrit en lettres capitales : d'un bout à l'autre du repas, c'est le légume qui va tenir le haut de l'affiche. En passant la commande, on lit entre les lignes pour se représenter ce qui va bien pouvoir arriver. Raté. Il n'y a que lui qui sache.

Pour autant, Nicolas Le Bec n'est pas végétarien, mais il remet les ingrédients à leur place et pousse d'autres hiérarchies. Abolie, la frontière qui sépare le plat de sa garniture. L'assiette est un tout. Jusqu'aux desserts qui enfoncent le clou et font mine de s'articuler autour d'une simple poire, d'une mangue ou d'une fève...

Page de gauche :
Sous les arcades de la vénérable cour des Loges, le royaume de Nicolas Le Bec.

Ci-contre, de gauche à droite :
Service au « Café des Loges ».
Huiles parfumées : toute la gamme est en vente au « Café-Épicerie ».
Table dressée au restaurant « Les Loges ».

Ci-dessus :
Un matin avant le service : les fonds mijotent.

Page de droite :
L'entrée du « Café-Épicerie ».

de cacao. Pirouette stylistique ? Pas seulement. « J'aime les légumes pour leur saveur, leur couleur, leur texture. Ce sont des ingrédients pas trop chers qui sont de bons supports de création. De toute façon, en arrivant à Lyon après la Savoie, j'avais envie d'inventer une cuisine légère, urbaine. »

Car Nicolas Le Bec aime changer. À ce propos, il ne nie pas qu'il y ait des modes en cuisine, quoiqu'il récuse, pour lui-même, toute influence directe venue de ses confrères. « C'est le consommateur qui nous fait évoluer en fonction de sa vie, des peurs du moment, des voyages qu'il fait. À nous de suivre et de créer à partir de ses aspirations. » Donc, il s'adapte : à Megève, ses clients ont huit jours de ski dans les pattes. En Provence, trois jours de farniente. À Lyon, ils ne font que passer et repartent deux heures plus tard dans leur vie de citadin sédentaire. À chaque situation, sa cuisine. À Lyon, celle de Nicolas est épurée. Elle colle au décor, aux assiettes, au sourire des serveurs. La forme est indissociable du fond ■

Café
Épicerie
le bec
le bec

POUR 4 PERSONNES
- 4 maquereaux de taille moyenne
- 4 feuilles de laurier
- 1/2 litre de vin blanc
- 1/2 litre de vinaigre blanc
- 10 g de coriandre séchée
- 2 carottes
- 2 branches de céleri
- 50 g de gingembre frais
- 1 piment vert moyen
- 1 cuillère à soupe de sucre en poudre
- Sel et poivre
- 4 verrines

PRÉPARATION
30 minutes

TEMPS DE CUISSON
5 minutes pour le jus de cuisson directement dans les verrines

L'exigence.

Maquereaux marinés servis au "Café épicerie"

RÉALISATION

• Lever les filets des maquereaux. Retirer les arêtes, puis les rincer un par un sous un filet d'eau froide. Les essuyer dans un torchon, puis les ranger 2 par 2 dans des verrines.

• Réunir dans une casserole le vin blanc, le vinaigre, le piment découpé en petits morceaux, la coriandre, les feuilles de laurier, le gingembre frais râpé, les carottes et le céleri épluché et taillé en lamelles. Ajouter 1 cuillère à soupe de sucre en poudre. Saler, poivrer et faire cuire cette préparation 20 minutes à feu doux.

• Verser la marinade bouillante équitablement dans les verrines pour recouvrir les filets de maquereaux. Fermer les verrines et les laisser refroidir à température ambiante, puis les garder au réfrigérateur.

• Servir les filets de maquereaux marinés bien froids, arrosés d'un peu de jus de cuisson.

POUR 4 PERSONNES

- **1 petite boule de céleri-rave**
- **12 huîtres bretonnes moyennes**
- **1/2 botte de cresson**
- **1/2 litre de lait**
- **1 cuillère à soupe de crème de raifort**
- **1/2 litre de crème liquide fouettée en chantilly**
- **1 concombre**
- **2 feuilles de gélatine**
- **4 cuillères à soupe d'huile d'olive**
- **1 jus de citron**
- **60 g de tarama**
- **Sel et poivre**

PRÉPARATION

- **45 minutes**
- **Attente 1 heure**

TEMPS DE CUISSON
1 heure

L'Ange noir dans les vapeurs.

Le céleri au raifort, grosses huîtres bretonnes à l'eau de concombre, tarama et cresson frais

PRÉPARATION

• *Préparation du céleri* : Éplucher la boule de céleri-rave. La couper en petits morceaux et la cuire dans une casserole avec autant d'eau que de lait, une pincée de sel de mer et laisser cuire pendant 30 minutes à feu doux.

Égoutter les morceaux de céleri, les mettre à refroidir puis les mixer avec 1 cuillère à soupe de crème de raifort. Laisser refroidir ce mélange et ajouter 1/2 litre de crème fouettée en remuant délicatement avec une spatule, saler, poivrer et réserver au frais.

• *Préparation de l'eau de concombre* : Ouvrir 12 huîtres, les décortiquer sans les abîmer puis les mettre sur un torchon en prenant soin de garder l'eau de mer.

Passer le concombre au mixeur, ajouter l'eau des huîtres, 2 feuilles de gélatine gonflées 5 minutes dans un bol d'eau froide et presser. Passer le tout au chinois pour ne conserver que le jus. Mettre au frais pendant 2 heures.

RÉALISATION

• Servir la crème de céleri en quenelle, ajouter les huîtres crues. Verser une cuillère d'eau de concombre légèrement gélifiée et quelques feuilles de cresson assaisonnées avec une cuillerée d'huile d'olive et un jus de citron.

• Finir par une pointe de tarama et servir.

LES RECETTES DE
NICOLAS LE BEC

POUR 4 PERSONNES
- 1/2 boule de céleri-rave
- 4 homards bretons de 400 à 500 g pièce
- 1 carotte
- 1 oignon
- 1 tête d'ail
- 2 feuilles de laurier
- 5 baies de genièvre
- 1dl de porto
- 1 dl de cognac
- 1 cuillère à soupe de concentré de tomate
- 100 g de haricots verts
- 50 g de beurre
- 1/2 branche de basilic + 1 branche pour le décor
- Sel et poivre

PRÉPARATION
50 minutes

TEMPS DE CUISSON
30 minutes

Un certain sens du minimalisme.

La rave en fines lamelles, homard breton à la vapeur au basilic frais et jus de carapace pilée

RÉALISATION

• Faire cuire les haricots verts dans une casserole d'eau salée puis les refroidir à l'eau glacée. Les égoutter et les tailler en petits morceaux réguliers. Laver et hacher les feuilles de basilic. Plonger les homards 10 secondes dans une marmite d'eau bouillante très salée puis les plonger immédiatement dans un récipient d'eau glacée.

• Décortiquer la chair de la carapace et des pinces. Concasser grossièrement les carcasses et les têtes (garder une partie pour le décor) dans une grande casserole. Ajouter la carotte et l'oignon épluchés et taillés en petits morceaux, la tête d'ail écrasée, le porto, le cognac, le concentré de tomate, le laurier, le genièvre. Couvrir à hauteur avec de l'eau froide. Faire mijoter 1/2 heure à feu doux.

• Dans une autre casserole, faire réduire le bouillon au 3/4 et le réserver ensuite au chaud.

• Éplucher et tailler 4 grandes et fines rondelles de céleri-rave. Les plonger 1 minute à l'eau bouillante salée puis les refroidir à l'eau glacée.

• Mélanger dans un saladier la chair de homard crue taillée en morceaux, les haricots verts et le basilic haché. Saler, poivrer. Garnir la tranche de céleri avec la farce de homard en formant de petites boules dans un papier film.

• Au moment de servir, faire cuire ces ravioles de homard 10 minutes au four vapeur (ou dans un couscoussier).

• Faire frémir la sauce, ajouter 50 g de beurre cru en fouettant, rectifier l'assaisonnement et napper les ravioles.

• Décorer avec des feuilles de basilic et les têtes, délicatement découpées avec des gros ciseaux. Servir bien chaud.

POUR 4 PERSONNES
- 1,2 kg de turbot taillé en 4 tronçons épais et identiques.
- 8 petites courgettes
- 4 fleurs de courgettes
- 6 cuillères à soupe d'huile d'olive
- 1 œuf + 2 jaunes
- 1/2 gousse d'ail
- Sel et poivre

Pour le jus de garrigue
- 500 g de moules de bouchot
- 2 dl de fumet de poisson
- 1 bouquet garni (pour cuire les moules)
- 1 branche de thym frais
- 1 branche de sauge
- 1 branche de fenouil
- 1 branche de romarin
- 1 échalote
- 1/2 verre de vin blanc
- 3 cuillères d'huile d'olive « extra »
- 60 g de beurre
- Sel et poivre

PRÉPARATION
45 minutes

TEMPS DE CUISSON
45 minutes

La fleur de courgette, peau mixée et en bonbon, turbot épais à la vapeur d'herbes de garrigue

PRÉPARATION

• *Préparation des courgettes* : Laver et découper les courgettes très épaisses avec la peau. Saler, poivrer et arroser avec 3 cuillères à soupe d'huile d'olive. Mettre à cuire les morceaux 20 minutes à la vapeur, les égoutter et les presser dans un torchon pour en extraire l'eau. Mélanger la chair des courgettes dans un saladier avec l'œuf, les 2 jaunes, la 1/2 gousse d'ail. Saler, poivrer, ajouter 3 cuillères à soupe d'huile d'olive. Mixer finement tous ces éléments dans un robot puis garnir les fleurs de courgettes avec cette farce et réserver à température ambiante.

• *Préparation du jus de garrigue* : Réunir dans une casserole les moules, l'échalote épluchée et ciselée, le vin blanc et le bouquet garni. Faire ouvrir les moules à feu vif 10 minutes en les remuant de temps en temps.
Filtrer le jus des moules dans une casserole, ajouter le fumet de poisson et faire frémir le tout 5 minutes à feu doux. Stopper le feu et plonger les herbes aromatiques dans le jus bouillant. Couvrir d'un papier film et laisser infuser 10 minutes. Retirer les herbes et garder le bouillon au chaud.

RÉALISATION

• Faire cuire les fleurs de courgettes 20 minutes au four vapeur, ou dans un couscoussier.
• Pocher les morceaux de turbot 10 minutes dans une casserole d'eau frémissante salée et les égoutter sur un torchon sec.
• Dresser les morceaux de turbot et les fleurs de courgettes sur des assiettes individuelles.
• Faire bouillir le jus de garrigue, ajouter 3 cuillères à soupe d'huile d'olive et les 50 g de beurre. Fouetter énergiquement pour lier l'ensemble. Rectifier l'assaisonnement en sel et poivre puis napper le poisson avec ce jus aromatisé.
• Servir immédiatement.

Le coup de feu.

POUR 4 PERSONNES
• 2 mangues bien mûres
• 4 pamplemousses roses + 5 autres pour faire le jus
• 1/2 bouquet de verveine fraîche + 1 branche pour le décor
• 180 g de sucre semoule
• 1 gousse de vanille
• 70 g de pectine de pomme
• 12 noisettes épluchées et séchées
• 5 morceaux de sucre

PRÉPARATION
1 heure 30 minutes

TEMPS DE CUISSON
25 minutes

La Cour des Loges, fleuron du quartier Saint-Jean.

La mangue fraîche en tranches, pamplemousse rose cru à la verveine

RÉALISATION

• Presser les 5 pamplemousses pour obtenir 1/2 litre de jus frais. Faire tiédir ce jus de pamplemousse dans une petite casserole. Ajouter la verveine, couvrir d'un papier film et laisser infuser 3/4 d'heure.

• Passer cette préparation dans une autre casserole, Ajouter le sucre semoule et la gousse de vanille fendue en deux. Monter à ébullition et verser la pectine de pomme pour lier le jus. Conserver le sirop à température ambiante.

• Tailler les pamplemousses à vif. Lever délicatement les segments avec un couteau bien aiguisé et réserver au froid. Éplucher et tailler les mangues en fines lamelles d'1/2 cm d'épaisseur.

• Faire un caramel avec les morceaux de sucre et 2 cuillères à soupe d'eau. Lorsqu'il prend une bonne couleur, stopper le feu puis plonger les noisettes dedans pour les enrober.

• Dresser les mangues en mille-feuille. Intercaler entre les tranches des segments de pamplemousse frais. Napper avec le sirop à la verveine, décorer avec des feuilles de verveine fraîches et les noisettes au caramel.

MARC MENEAU

L'ESPÉRANCE

SAINT-PÈRE-SOUS-VÉZELAY

L'HOMME

Sous sa veste de cuisinier, Marc Meneau porte la cravate. C'est qu'il a rang de sommité dans son propre village. Sur les grilles de son établissement, le double M de ses initiales se lit en majesté. Derrière, parc verdoyant avec sculptures, petit canal et ponts en bois. À l'intérieur de la maison, murs tendus de tapisserie, étains sous vitrines, bibliothèque et colonnes en marbre vert bouteille. L'hôte précise que la verrière où l'on dîne a été construite avant celle du Forum des Halles, manière de suggérer qu'elle a, un peu, les mêmes ambitions.

C'est son troisième décor. À chaque changement, Marc Meneau mesure ainsi le chemin parcouru depuis le café-épicerie que tenaient ses parents, juste à côté. Toujours en autodidacte. L'École hôtelière, oui, mais section gestion, ce qui n'apprend pas à faire la cuisine. La cuisine, il l'a découverte dans les livres. Des dizaines de livres lus, relus et appris par cœur. « Ma première étoile, je l'ai obtenue en recopiant des recettes. Quand on ne sait rien, on ne peut pas tricher. On est obligé de faire son marché avec tout l'amour d'une ménagère. » Trois voisins, de grands cuisiniers en retraite, lui ont ensuite permis d'aller plus loin. Il a eu, en quelque sorte, ses maîtres à domicile. Il s'en est affranchi sans les renier. Aujourd'hui, il continue de lire beaucoup et possède même une collection unique de livres anciens. Mais comme il invente, il est surtout du côté de ceux qui publient.

Il écrit sur tout, sur les relations de la cuisine aux personnages historiques, à la peinture, au cinéma. Toutes les formes de dialogue de la cuisine avec les autres arts. Sa culture s'est élargie. Il est devenu une sorte de mémoire savante. Le conseiller de Gérard Depardieu en Vatel, c'était lui. Roi des reconstitutions, il prépare pour ses amis le banquet de l'Heptaméron ou celui de Yalta. Dans ces cas-là, il n'est pas fidèle à la lettre, ce serait fastidieux, mais à l'esprit. Récemment, il s'est pris

d'intérêt pour la cuisine cistercienne. « J'avais un compte à régler avec la religion. On a forcément un compte à régler avec la religion quand on grandit à Vézelay. Et j'ai découvert que les moines ont en fait tout inventé. »
Entre-temps, il y a eu sa carrière. Une troisième étoile au Michelin qui vient et qui s'en va. Gainsbourg et Rostropovitch qui passent plusieurs mois chez lui. Les amoureux de sa carte qui font l'aller-retour de Paris en hélicoptère, récemment un projet de restaurant très jet-set à Gstaadt. Mais toujours, quoi qu'il fasse, la Colline Éternelle pour horizon. « C'est un lieu de grand nettoyage spirituel, de recommencement. On vient depuis les Gaulois y chercher la force de partir à la guerre. Un lieu qui soutient mon exigence fondamentale : inventer, encore et toujours, de nouvelles recettes. » ■

LE PAYSAGE

Ses produits favoris ? Tout ce qui est bon. Et pas spécialement ce qui vient de Bourgogne. Il prétend, pour rire, remplacer sans inconvénient les escargots par du mou. Il laissait les grenouilles, fussent-elles des Dombes, à son voisin Loiseau. Il préfère boire le bon vin plutôt que de le verser dans les sauces. « On ne vit plus au rythme des chevaux. Aujourd'hui, les produits du bout du monde sont chez nous en une dizaine d'heures. J'ai la terre entière pour terroir. » Résultat : si les fraises du Chili sont bonnes au mois de décembre, pourquoi pas des fraises ? Et si la farine de riz permet de faire des beignets de légumes plus légers tant mieux. Les mauvaises langues n'auront qu'à les appeler tempuras.
Pourtant, l'homme est un vrai Bourguignon. Cinq siècles de présence familiale attestée à Saint-Père. Et vingt-cinq mètres de déplacement, en une vie, du café des parents à l'auberge actuelle. De son village, il connaît tout, croise partout des cousins et éprouve la vague culpabilité d'avoir trahi en achetant une maison à deux kilomètres, tout près du chœur de la basilique à Vézelay. « Entre les deux

Ci-contre, de gauche à droite : *Marc Meneau s'est investi personnellement dans l'appellation Bourgogne-Vezelay. Les noix de l'année. Assiette de caviar servi en mousse et en beignet.*

Ci-dessus :
Le bocage bourguignon.

Pages suivantes,
de gauche à droite :
L'un des carnets de Marc Meneau, où il note ses impressions de voyage sous forme de recettes.
Sur le pas de la porte, le chef raccompagne ses clients.

villages, il y a toujours eu une rivalité. Et l'église de Saint-Père, monument du gothique flamboyant, a été construite en réponse directe à la basilique Sainte-Marie-Madeleine. » Pour se racheter, Marc Meneau a travaillé, avec des amis de Saint-Père, à redonner au vin de Vézelay toute sa noblesse. Le vignoble avait presque disparu, sur ces contreforts du Morvan. Il a repris lui-même une exploitation et guerroyé, de toute sa notoriété, pour la promotion de l'appellation Bourgogne-Vézelay ressuscitée. « J'avais besoin de replanter mes racines et de renouer avec ma terre. » Marc Meneau se revendique bourguignon. Mais par l'esprit plus que par les ingrédients qui entrent dans sa cuisine. La franchise des goûts, l'économie des saveurs, l'équilibre des textures. Passe une assiette de Saint-Jacques, il en profite pour s'expliquer. « Voilà un vrai plat bourguignon. » Les Saint-Jacques sont posées sur une pâte croustillante, toute simple. Les manger, c'est casser la croûte, dans tous les sens du terme, comme on fait dans les champs. Sous la noix du coquillage, on trouvera une rondelle de moelle de bœuf. Important le bœuf. Un vrai produit local, celui-là, même si le berceau du Charolais se trouve plus au sud en Bourgogne. Certes, mais les Saint-Jacques ? Vous n'avez qu'à regarder. Les coquilles sont partout ici, sur les bâtons des pèlerins en route vers Compostelle ■

LE STYLE

Comme il croit au pouvoir de l'écrit, Marc Meneau trimbale ses cahiers dès qu'il quitte Saint-Père. Il y note tout, une citation de Jean-Jacques Rousseau, un aphorisme, un mot rare ou une recette qui lui vient en passant, comme une chanson vous trotte soudain dans la tête. À force, les cahiers s'empilent, il en a plus de deux cents. De temps à autre, il feuillette les plus anciens et tombe

Royale carotte

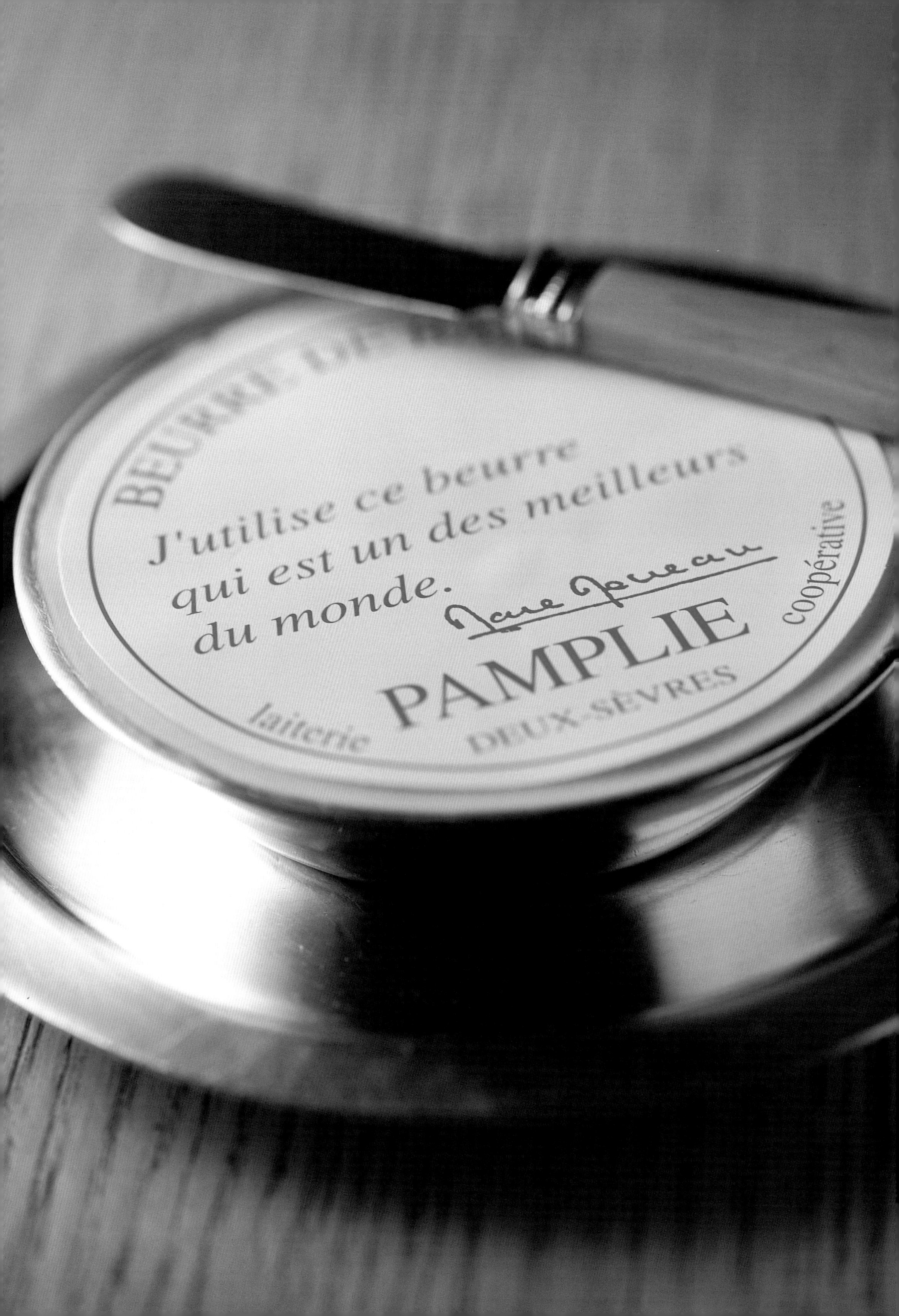

J'utilise ce beurre
qui est un des meilleurs
du monde.
PAMPLIE
laiterie
coopérative
DEUX-SÈVRES

sur une recette restée théorique. Les goûts du public ont changé, eux aussi. Maintenant, il est temps.
Marc Meneau entretient ainsi sa révolution permanente. Pour créer, il a la liberté de ceux qui se sont fixé quelques principes clairs. Par exemple : associer, dans une même assiette, un ingrédient pauvre et un ingrédient riche. Soit une crème pailletée de caviar. Il la sert en ce moment sur deux cuillères en argent, l'une tiède, l'autre froide. Dans l'une, la crème est brute, dans l'autre, elle est enveloppée sous un galet de purée de pommes de terre rissolé.
La campagne est inséparable du salon.
Autre dogme : les produits issus d'une même terre vont bien ensemble. Les haricots avec le foie gras, les truffes avec l'huile d'olive, la lotte avec le riz qui pousse dans l'eau. Illustration dans l'univers Meneau : des Saint-Jacques posées à côté d'une très inattendue feuille de betterave sucrière, elle-même confite vingt-quatre heures. « C'est le Touquet, à savoir la rencontre entre la mer et les champs de betterave de l'arrière-pays. » Ou encore : le tartare de bœuf en cannelloni lié à l'huître. Une allusion, cette fois, à la Normandie, où les vaches paissent devant les parcs à huîtres.

Un chef qui n'hésite pas à afficher ses choix.

On trouve chez Marc Meneau tout le répertoire culinaire classique. Les flans, les béarnaises, les beurres de crustacés ou les soufflés ne le rebutent pas. Mais il travaille les bases à sa manière, crée des associations insolites et joue de ses effets. Le voici qui tresse une couronne de meringue autour d'un velouté aux truffes, qui marie carotte, cumin et foie gras en reconstituant une carotte plus vraie que nature, mais farcie. Il fait ensuite découper par le maître d'hôtel, une fenêtre carrée sur une belle croûte briochée afin de découvrir, superbe, la chair d'un turbot. Et l'ananas, au final, arrive tout hérissé de gousses de vanille. Chez Meneau, la salle est un théâtre baroque ■

Clams cuits à la cendre, huile d'olive fumée

POUR 2 PERSONNES
- 8 clams
- 200 g de sel de mer
- 8 bandes de papier aluminium 2 cm x 15 cm
- 10 cl d'huile d'olive fumée
- Sel et poivre

PRÉPARATION
- 10 minutes
- Fumage 30 minutes

TEMPS DE CUISSON
35 minutes

RÉALISATION

• La veille mettre les clams à dégorger dans l'eau avec le sel de mer une nuit à couvert au réfrigérateur.

• Le lendemain, égoutter et rincer les clams à l'eau claire. Fermer les orifices des clams avec le papier aluminium et les faire cuire sur la cendre 10 minutes. Les sortir, retirer le papier d'aluminium et les ouvrir de moitié pour faciliter la dégustation. Verser à l'intérieur 1/2 cuillère à café d'huile fumée et un soupçon de fleur de sel et de poivre. Les poser sur un lit de gros sel et servir bien chauds.

Cabillaud en croûte de sel

POUR 2 PERSONNES
- 1 tronçon de 350 g de cabillaud avec la peau
- 250 g de farine
- 100 g de gros sel
- 50 g de sel fin
- 100 g d'eau
- 1 blanc d'œuf
- Fleur de thym
- 100 g de beurre de homard
- 300 g de beurre doux
- 10 g de sel de Guérande concassé
- 200 g de feuilles d'épinards
- Quelques zestes de citrons confits
- 200 g de carcasses de homard européen (pattes et carapaces)
- 2 jaunes d'œuf pour la dorure
- Sel et poivre

PRÉPARATION
40 minutes

TEMPS DE CUISSON
40 minutes

RÉALISATION

• *Préparation de la croûte de sel* : Mélanger la farine, le gros sel, le sel fin, ajouter ensuite la fleur de thym, le blanc d'œuf et l'eau. Former une boule de pâte. Fariner légèrement, filmer et conserver au frais.

• *Préparation du beurre de homard* : Concasser les carcasses de homard (200 g) dans un petit batteur avec la palette de celui-ci. Ajouter 200 g de beurre pommade, laisser tourner le batteur à petite vitesse pendant environ 1/4 d'heure (ce travail peut s'effectuer à la main, en battant énergiquement à l'aide d'une spatule en bois).

Mettre à cuire et décanter dans une casserole ce beurre pendant environ 1 heure, à tout petits frémissements (à côté de la source de chaleur). Au terme de la cuisson, filtrer ce beurre au chinois étamine tapissé d'un torchon propre. Réserver au frais.

• *Préparation du beurre demi-sel* : Mélanger les 100 g de beurre restant avec les 10 g de sel de Guérande concassé. À l'aide d'une cuillère spéciale, confectionner de jolies coquilles de beurre. Réserver au frais.

• *Cuisson du cabillaud* : Préchauffer le four à 240 °C. Fabriquer une petite caissette en papier aluminium, d'une contenance suffisante pour le tronçon de cabillaud. Mettre au fond de cette caissette 100 g de beurre de homard. Frotter le cabillaud sur ses deux faces au gros sel et poivrer. Le poser sur le beurre de homard. Étaler le plus finement possible la pâte de sel et envelopper l'ensemble (caissette et cabillaud). Dorer cette croûte à l'œuf et mettre en cuisson 12 minutes à four bien chaud. Au terme de la cuisson, la croûte doit être bien mordorée. Laisser reposer au chaud environ 10 minutes.

PRÉSENTATION

Remettre le cabillaud un court instant à four vif. Le poser sur un plat de présentation, recouvert d'une belle serviette ou d'un liteau et envoyer à part les coquilles de beurre demi-sel. Accompagner de deux poêlées d'épinards tombés au beurre et parsemés de zestes de citrons confits.

POUR 4 PERSONNES
Pour le bouillon
- 1 oignon
- 1 branche de céleri
- 1 poireau
- 2 pommes de terre
- 2 carottes
- 1 navet
- 1 courgette
- 100 g de petits pois
- 100 g de haricots verts
- 100 g de vermicelles
- 10 cl d'huile d'olive
- 1/2 litre de fond blanc ou bouillon de pot-au-feu
- Sel et poivre

Pour la farce
- 400 g de filet de bœuf
- 100 g de parmesan
- 4 lamelles de truffes fraîches
- 8 carrés de pâte à raviole
- 4 huîtres moyennes
- 50 g d'olives noires dénoyautées
- 1 échalote grise (confite à la graisse d'oie 30 minutes)
- 100 g de pois chiches
- 50 g d'amandes fraîches
- 50 g de livèche
- Sel et poivre

PRÉPARATION
1 heure

TEMPS DE CUISSON
1 heure

Bouillon de légumes pour Hochepot

RÉALISATION

• Ciseler finement l'oignon et le faire suer sans coloration à l'huile d'olive. Suer à part, toujours sans coloration, le céleri branche taillé en paysanne ainsi que le poireau, assaisonner, mouiller au fond blanc de volaille clarifié et porter à ébullition.

• Ajouter les pommes de terre taillées, la carotte, le navet taillés et sués.

• En fin de cuisson, ajouter la courgette taillée en paysanne et suée à l'huile d'olive, les petits pois cuits à l'anglaise auxquels on aura retiré la peau, les haricots verts cuits à l'anglaise et taillés en bâtonnets d'un demi-centimètre.

• *Préparation de la farce pour Hochepot* : Tailler au couteau la viande de bœuf en petits dés. Incorporer les huîtres hachées, l'échalote confite bien pressée ainsi que les olives noires taillées en julienne. Assaisonner de sel, poivre et Tabasco. Rouler cette farce dans un carré de pâte à raviole cuite à l'eau.

PRÉSENTATION

Dans une assiette creuse poser au centre de l'assiette le « Hochepot », disposer autour les pois chiches chauds ainsi que les légumes. Mouiller avec le bouillon à mi-hauteur.
Sur le « Hochepot » disposer en alternance une lamelle de truffe et un copeau de parmesan puis les amandes fraîches ciselées, le vermicelle frit et la livèche ciselée.

L'épluchage des noix.

LES RECETTES DE

MARC MENEAU

POUR 2 PERSONNES

- Beurre
- 2 toasts de pain blanc de 1 cm d'épaisseur
- Langues d'oursins
- Moelle
- 4 grosses noix de Saint-Jacques
- Fleur de sel
- Poivre du moulin
- Beurre monté

PRÉPARATION

30 minutes

TEMPS DE CUISSON

20 minutes

Préparation du poisson au ciseau et à la pince à épiler : un travail de précision.

Toasts de coquilles Saint-Jacques à la moelle

RÉALISATION

- Dorer au beurre 2 toasts de 1 cm d'épaisseur. Faire une purée d'oursins avec les langues.
- Pocher la moelle dans l'eau salée après l'avoir fait dégorger à l'eau froide pendant 1 heure.
- Prélever 4 grosses noix de Saint-Jacques pour les 2 toasts, les nettoyer, les faire égoutter sur un linge.
- Quadriller les noix de Saint-Jacques au gril et les retirer aussitôt.
- Tartiner les toasts de purée d'oursins, y déposer les lamelles de moelle de 1/2 cm d'épaisseur.
- Passer sous la salamandre. Pendant ce temps passer les Saint-Jacques au four pendant 2 minutes.
- Déposer les Saint-Jacques sur les toasts après avoir mis de la fleur de sel et poivre du moulin sur la moelle.
- Poser sur une assiette et décorer avec un cordon de beurre monté.

LES RECETTES DE MARC MENEAU

POUR 2 PERSONNES
- 8 fraises (bien mûres et parfumées, type garriguettes)
- Vinaigre balsamique
- Sucre cuit à 155 °C
- Poivre Séchuan au moulin
- Poivre à queue au moulin
- Angélique broyée au pilon
- Menthe poivrée fraîche ciselée
- Perle du Japon
- Lait de coco

Pour la sauce Séchuan
- 75 cl de porto blanc
- 10 g de pectine
- 50 g de sucre
- 6 g de poivre Séchuan

Pour la sauce angélique
- 1 litre de crème
- 12 graines d'angélique broyées
- 25 g de sucre
- 30 g de jus de citron
- Réduire de moitié

La cheminée du salon-bibliothèque sert aussi à préparer des grillades.

Pour la sauce poivre à queue
- 75 cl de porto rouge
- 10 g de pectine
- 50 g de sucre
- 15 g de poivre à queue
- 8 g de grains de genièvre

Pour la sauce menthe poivrée
- 1 litre de crème
- 100 g de menthe poivrée
- 25 g de sucre
- Réduire de moitié

PRÉPARATION
40 minutes

TEMPS DE CUISSON
30 minutes

Fraises aux goûts poivrés et piquants

RÉALISATION
- Préparer à l'avance les différentes sauces en faisant réduire sur feu doux l'ensemble des ingrédients de chaque sauce afin d'obtenir chaque fois une crème onctueuse. Les réserver.
- Badigeonner 4 fraises de vinaigre balsamique, les disposer au fur et à mesure sur une belle assiette en ligne droite. Faire une deuxième ligne de 4 fraises trempées dans le sucre cuit à 155 °C.
- Déposer à droite et en face de chaque fraise au sucre une pointe de chaque épice en poudre. Couler une larme de chaque sauce en face de l'épice correspondante.
- Finir la décoration de l'assiette avec une cuillère à soupe de perles du Japon cuites dans le lait de coco, chaudes pour le contraste de texture et de chaleur. À défaut de perles du Japon, une quenelle de très bonne glace de vanille apportera également le contraste souhaité. Ajouter les feuilles de menthe fraîche ciselées.
- Les fraises doivent être tempérées pour la préparation comme pour la dégustation.

ALAIN PASSARD

L'ARPÈGE

PARIS

L'HOMME

Alain Passard revendique le décor chic de son restaurant, verreries Lalique sur aplats de bois blond. Mais surtout, il n'échangerait sa cuisine pour rien au monde. Elle est à sa mesure. Toute petite, si bien qu'on y travaille tout près les uns des autres, avec des gestes mesurés. C'est un atelier de haute couture. Un lieu clos où chaque artisan tient son rôle et donne le meilleur de son talent pour que ressorte, au final, toute la finesse de l'œuvre.

Il sait de quoi il parle : son père était musicien, mais sa mère couturière. Il aurait aimé travailler avec elle, mais ce n'est pas si simple, au fin fond de la Bretagne. À quatorze ans, il a choisi de faire cuisinier, le seul métier qui soit un métier et qui permette d'être artiste. Il a répondu à une petite annonce de *Ouest France* : « Cherche apprenti-cuisinier. » Il a passé, en parallèle, son CAP par correspondance. La suite s'est présentée comme une évidence : *L'Hôtellerie du Lion d'Or* auprès d'un chef doublement étoilé, puis les Boyer, père et fils, à Reims. Et la rencontre avec Alain Senderens, dans un restaurant de la rue de Varenne qui s'appelle alors *L'Archestrate*. En 1986, après un court passage au *Duc d'Enghien*, Passard reprend *L'Archestrate* et en fait *L'Arpège*. Son domaine.

Quinze ans, donc, qu'il officie entre l'Assemblée nationale et le musée Rodin, avec le dôme des Invalides en point de mire. Quinze ans, c'est le temps qu'il faut au moins pour devenir un vrai Parisien. Il l'est. « Il y a dans cette ville une légèreté et une gaieté que j'aurais du mal, je pense, à retrouver en province. » Chez lui donc, on se parle, on se croise, on s'apostrophe de table en table « Il est confit votre ananas ? Oui, confit sous la croûte de sel. » Un couple, là pour la première fois, s'extasie en partant : « J'ai eu l'impression de n'avoir croisé que des amis dans la salle. » D'autres s'attardent, finissent l'après-midi autour d'une seule table, avec le chef

Ci-dessus, de haut en bas : *Les betteraves du potager d'Alain Passard en bord de Loire. La précision règne dans les cuisines. Le pain, cuit tous les matins, fait la fierté du chef.*

Page de droite : *La minimalisme va avec l'hommage aux ancêtres : la grand-mère d'Alain veille en salle.*

au milieu qui rigole, sort le calva et tire sur son cigare. Cela fait, au total, un beau salon, le plus beau peut-être de la Rive Gauche. Il précise : « Je n'ai pas de voiturier. Ça m'évite d'attirer la clientèle d'affaire qui veut avoir fini à trois heures de l'après-midi. »

Les portions sont légères, il dit que quelques bouchées suffisent à se nourrir. Ça permet, en plus, d'apprécier le défilé des plats jusqu'au bout. D'ailleurs, où en est-on ? Bien loin, en tout cas, du traditionnel déroulé entrée-plat-dessert. La surprise est chez lui une esthétique. « Comme dans une pièce de théâtre, où chaque acte doit faire avancer l'action par rapport au précédent. » Sa dernière passion, c'est le pain. Un pain avec de l'air dans la mie, une croûte dorée et un léger goût de levain. Il le sert en tranches, brut, sans avoir besoin de le décliner, comme il est d'usage dans ce genre de maison, en minipains aux noix, aux raisins ou à Dieu sait quelles épices. Assez sûr de lui pour être simple. « Je suis dans ma vérité », lâche-t-il en résumé ■

LE PAYSAGE

Loin de la rue de Varenne, *L'Arpège* a deux salariés... dans la Sarthe. Deux jardiniers qui cultivent les rêves d'Alain Passard. Ils ne se contentent pas de planter poireaux, céleris et autres navets. Ils sélectionnent, mois après mois, les variétés les plus goûteuses, celles qui conviennent à cette terre-là plutôt qu'à une autre. Un travail d'orfèvre. « Je veux créer des grands crus de légumes comme il existe des grands crus de vins. » Du coup, les collaborateurs d'Alain Passard sont invités de temps en temps à aller arracher eux-mêmes quelques carottes ou des oignons. Ils en reviennent, paraît-il, ressourcés et tout pleins de nouvelles idées. Pour Alain Passard, c'est le produit qui donne l'inspiration.

C'est venu peu à peu, comme une évidence. Jusque-là, Passard était connu pour la justesse de son marché. On trouvait à sa table côtes de veau et agneaux de lait aux côtés des meilleurs homards de Bretagne, des Saint-Jacques d'Erquy, des poulets de Bretagne, ceux qui ne passent pas à la casserole avant six mois d'existence en plein air. « J'ai de la chance, je suis un gars du pays. J'ai plein de copains en Bretagne. » Et pourtant, malgré ce carnet d'adresses bien à jour, la crise de la vache folle a semé le doute chez lui. « Un cuisinier de qualité ne peut pas rester indifférent à ce qui s'est passé. C'est comme un architecte qui apprendrait soudain que le bois qu'il utilise est vermoulu. » Peut-être aussi qu'il attendait, au fond de lui, une occasion pour se réinventer. Bref, il a opéré sa conversion. Le voici quasi végétarien, et heureux. « J'ai l'impression d'être en début de vie. Avec devant moi tout un monde à explorer. » Pas sectaire, il a gardé quand même la volaille dite « de pâturage », les fruits de mer

de ses amis bretons et un pigeonneau de temps en temps. Mais ce sont les légumes qui ont droit chez lui aux honneurs. Le céleri-rave arrive dans sa croûte de sel et le maître d'hôtel entreprend de le découper avec le même respect qu'un bar ou un chapon. L'oignon doux des Cévennes se glisse, en finesse, dans un plat à gratin, juste équilibré par une pointe de sauge. Et, soudain, c'est votre voisin de table qui s'extasie, vous prend à témoin. « C'est fou. Il m'a servi une pomme de terre, une simple pomme de terre et c'est merveilleux ! » La tomate confite, en dessert, clôture le tout. Alain Passard tire la morale : « Il n'y a pas de produit noble. Rien que des bons et des mauvais produits. » ■

LE STYLE

Un regard. Attentif, presque agressif, comme celui d'un peintre qui va devoir transformer, en quelques gestes, matières et couleurs. Voir travailler Alain Passard, c'est voir l'artiste en action. La concentration. L'étincelle de joie quand ça prend. La main, souple et légère, qui remue un bouillon. Le quart de tour qui détermine

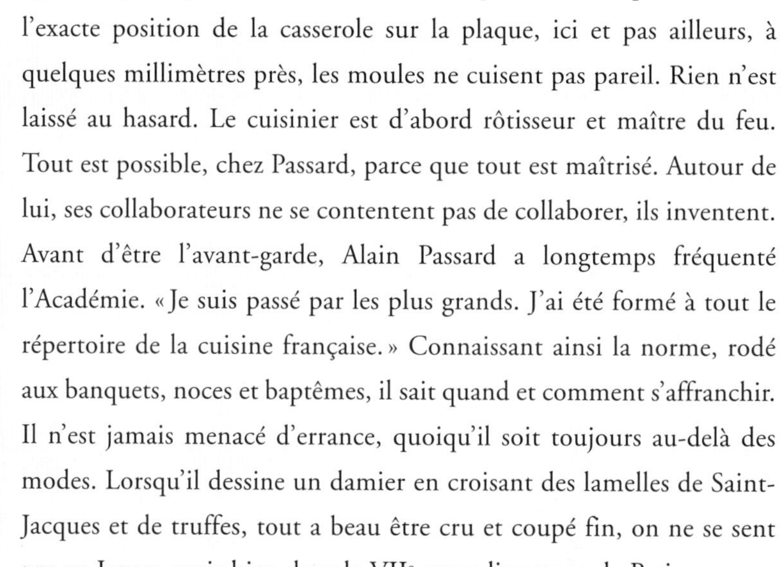

l'exacte position de la casserole sur la plaque, ici et pas ailleurs, à quelques millimètres près, les moules ne cuisent pas pareil. Rien n'est laissé au hasard. Le cuisinier est d'abord rôtisseur et maître du feu. Tout est possible, chez Passard, parce que tout est maîtrisé. Autour de lui, ses collaborateurs ne se contentent pas de collaborer, ils inventent. Avant d'être l'avant-garde, Alain Passard a longtemps fréquenté l'Académie. « Je suis passé par les plus grands. J'ai été formé à tout le répertoire de la cuisine française. » Connaissant ainsi la norme, rodé aux banquets, noces et baptêmes, il sait quand et comment s'affranchir. Il n'est jamais menacé d'errance, quoiqu'il soit toujours au-delà des modes. Lorsqu'il dessine un damier en croisant des lamelles de Saint-Jacques et de truffes, tout a beau être cru et coupé fin, on ne se sent pas au Japon, mais bien dans le VIIe arrondissement de Paris.

Pages précédentes, de gauche à droite : *La beauté discrète des verreries Lalique. Le chef improvise : ici, rien n'est écrit, tout se réinvente.*

Ci-dessus : *l'Assemblée nationale est juste en face.*

Page de droite : *Le coup de fusil.*

Sur ces bases solides, tout peut changer, à tout moment du repas. Il vous observe, vient échanger quelques mots en salle, il faut le voir ensuite passer régulièrement le nez par la porte de la cuisine. Il dit ne pas pouvoir travailler tant qu'il n'a pas mis des visages sur chacune des tables. Il est possible qu'il décide, alors, de vous apporter tout autre chose que ce que vous avez commandé. De toute façon, sa carte était laconique. Elle mentionnait juste pour mémoire « l'œuf », « la truffe du Périgord Noir » ou « les coquillages de la baie du Mont-Saint-Michel ». C'est à lui, et à lui seul, d'inventer le monde qui va avec ■

LES RECETTES DE
ALAIN PASSARD

POUR 8 PERSONNES
- 8 œufs
- 1/2 botte de ciboulette
- 1/2 litre de crème fraîche liquide UHT 45 % de matières grasses
- 1 cuillère à soupe de bon vinaigre de xérès
- 2 cuillères à soupe de sirop d'érable
- 4 épices
- Fleur de sel

PRÉPARATION
35 minutes

TEMPS DE CUISSON
10 minutes

En cuisine.

Chaud-froid d'œuf à la ciboulette

RÉALISATION

- Avec une paire de ciseaux, découper l'œuf de façon à évacuer uniquement le blanc, le jaune restant au fond de la coquille.
- Assaisonner d'une pincée de fleur de sel, d'une pincée de poivre fraîchement concassé et d'une cuillère à café de ciboulette ciselée.
- Fouetter la crème fraîche avec le vinaigre de xérès, ajouter une pointe de couteau de 4 épices et de fleur de sel. Réserver au frais.
- Faire tiédir les œufs en les posant sur une eau entre 60 et 62 °C pendant 8 minutes et les placer dans un coquetier.
- À la poche ou à la cuillère, garnir de crème fouettée chaque œuf jusqu'à hauteur de la coquille. Décorer en surface d'un filet de sirop d'érable.

Tartelettes à la salade

POUR 4 PERSONNES
- 150 g de pâte feuilletée au beurre à commander chez votre pâtissier
- 1 laitue
- 8 feuilles de chêne
- 10 g de frisée
- 10 g de mâche
- 1/4 de jus de citron
- 2 cuillères à soupe d'huile d'olive
- Poivre
- 1 cuillère à café de fleur de sel
- 1 branche d'aneth
- 4 branches de cerfeuil
- 5 brins de ciboulette

PRÉPARATION
20 minutes

TEMPS DE CUISSON
30 minutes

PRÉPARATION DES TARTELETTES

Étaler la pâte feuilletée sur le plan de travail (environ 1/2 cm d'épaisseur). Garnir 4 moules à tartelette d'environ 4 cm de diamètre sans dépasser les bords. Poser un autre moule de même taille sur le dessus, le remplir de quelque chose de lourd pour éviter que le feuilletage se développe à la cuisson. Enfourner le feuilletage 25 minutes à 160 °C en surveillant la coloration.

RÉALISATION

• Laver et retirer les parties croquantes des salades. Sortir les tartelettes du four, les démouler et les laisser refroidir. Étaler les feuilles de laitue, poser au centre le mélange des salades, les rouler et les émincer finement une par une.

• Réunir la salade émincée dans un saladier. Laver, essuyer et hacher grossièrement les herbes. Les mélanger avec la salade émincée.

• Saler de fleur de sel, poivrer, assaisonner avec l'huile d'olive et le jus de citron. Garnir abondamment les tartelettes avec le mélange de salade en montant le plus haut possible. Déguster immédiatement.

Pommes de terre fumées au bois de hêtre

POUR 2 PERSONNES
- 4 pommes de terre de 75 g environ
- 200 g de bois de hêtre
- 1 oignon doux des Cévennes
- 50 g de beurre salé
- 1 botte de persil plat
- 20 g de beurre doux
- 100 ml d'eau
- Fleur de sel

PRÉPARATION
35 minutes

TEMPS DE CUISSON
1 heure 30 minutes

RÉALISATION

• Cuire les pommes de terre dans de l'eau frémissante durant 45 minutes. Une fois cuites, déposer celles-ci dans un fumoir alimenté de bois de hêtre pendant 30 minutes.

• Équeuter le persil plat et le cuire dans une eau bouillante préalablement salée pendant 3 minutes. Passer au bol mixer en ajoutant 25 g de beurre salé ainsi que 100 ml d'eau de cuisson du persil. Mixer le tout durant 5 minutes, corriger l'assaisonnement à la fleur de sel puis passer dans une passoire très fine.

• Éplucher l'oignon et l'émincer finement. Dans une casserole, faire fondre les 25 g de beurre salé restant, ajouter l'oignon ainsi que 100 ml d'eau. Cuire 10 minutes à feu doux.

• Mixer, corriger l'assaisonnement et passer dans une passoire très fine.

DRESSAGE

Disposer la purée de persil en rosace au fond de chaque assiette et y déposer les pommes de terre préalablement épluchées et coupées en deux dans le sens de la longueur. Ceinturer le tout de la sauce oignon, agrémenter les pommes de terre d'un copeau de beurre doux et les parsemer de fleur de sel. Servir chaud.

POUR 4 PERSONNES
- 1 navet boule d'or
- 1 carotte jaune
- 1 carotte orange
- 1/5 de céleri-rave
- 115 g de beurre salé
- 1 oignon doux des Cévennes
- 4 échalotes grises
- 1 pomme de terre
- 8 feuilles de chou
- 1 botte de persil plat
- 1 cuillère de persil plat haché
- 100 ml d'eau
- Quelques gouttes de jus de citron
- Poivre du moulin
- Fleur de sel

PRÉPARATION
1 heure

TEMPS DE CUISSON
2 heures

Chou farci aux petits légumes

RÉALISATION

- Éplucher tous les légumes puis cuire dans de l'eau avec 10 g de beurre salé, successivement le navet, les carottes, le céleri et la pomme de terre.
- Couper l'oignon et les échalotes en deux dans le sens de la longueur, puis les faire confire dans un sautoir dans 20 g de beurre salé durant une heure et demie.
- Dans un autre sautoir, cuire les feuilles de chou dans 20 g de beurre salé et deux cuillères à soupe d'eau à feu doux et à couvert durant 6 minutes. Le chou doit rester croquant.
- Équeuter le persil plat et le cuire dans une eau bouillante préalablement salée pendant 3 minutes. Le passer ensuite au bol mixer en ajoutant 40 g de beurre salé ainsi que 100 ml d'eau de cuisson du persil. Corriger l'assaisonnement à la fleur de sel puis passer dans une passoire très fine.
- Éplucher l'oignon et l'émincer finement. Dans une casserole, faire fondre les 25 g de beurre restant, ajouter l'oignon ainsi que 100 ml d'eau. Cuire 10 minutes à feu doux.
- Mixer, corriger l'assaisonnement et passer dans une passoire très fine.

DRESSAGE

- Passer tous les légumes excepté les feuilles de chou dans un hachoir, en prenant soin de bien débarrasser l'oignon et les échalotes de leur peau.
- Disposer sur quatre assiettes chaudes la farce de légumes en quatre parts égales et les parsemer de fleur de sel, de jus de citron et de persil haché.
- Déposer les feuilles de chou légèrement poivrées par deux, de part et d'autre de la farce.
- Agrémenter chaque assiette de petites touches de sauce persil et de sauce oignon.

Après le service, les garçons s'accordent une pause et rêvent sur Paris.

Fabien : Est ce que
les commandes de
lait et de beurre on
été faite. Il faut
5 kg beurre 1/2 sel

Tomates confites aux douze saveurs

POUR 8 PERSONNES
- 4 tomates
- 200 g de pommes
- 200 g de poires
- 75 g d'ananas
- 1 cuillère à soupe de sucre brun
- 2 g de gingembre frais
- 4 clous de girofle
- 1 g d'anis étoilé râpé
- 1 g de cannelle
- 15 g de raisins de Corinthe
- 2 g de zeste d'orange
- 4 g de zeste de citron
- 1 g de menthe ciselée
- 10 g de noix
- 10 g d'amandes
- 10 g de pistaches
- 2 gousses de vanille
- 1 orange
- 4 boules de glace vanille

PRÉPARATION
40 minutes

TEMPS DE CUISSON
25 minutes

RÉALISATION

• Ciseler les pommes, poires, ananas, gingembre, noix, amandes et pistaches.

• Hacher les zestes d'orange et de citron.

• Disposer dans un poêlon une fine pellicule de sucre brun à caraméliser, y mettre les pommes, poires, ananas et les faire sauter à feu vif de façon à ce qu'ils soient pratiquement cuits, incorporer également dans le poêlon les zestes d'orange, de citron, le gingembre, les clous de girofle, la cannelle, les raisins secs, la menthe ciselée, les noix, les amandes, les pistaches, une gousse de vanille et l'anis étoilé.

• Mettre cette farce dans les tomates préalablement mondées et épépinées en ayant pris soin de faire une ouverture sur le haut.

• Saupoudrer légèrement de sucre le poêlon, faites caraméliser, mouiller d'un jus d'orange et ajoutez la dernière gousse de vanille.

• Mettre les tomates dans un sautoir à feu doux avec le jus d'orange durant deux heures en les arrosant régulièrement. Servir avec le jus de cuisson et une boule de glace vanille.

Ananas en croûte de sel

POUR 1 PERSONNE
- 1 ananas Victoria d'environ 350 g
- 2 kg de gros sel gris de Guérande
- 4 oranges
- 50 g de sucre semoule
- 1/2 gousse de vanille de Tahiti

PRÉPARATION
40 minutes

TEMPS DE CUISSON
25 minutes

RÉALISATION

• Recouvrir l'ananas de sel. Créer un socle de gros sel d'une épaisseur de 4 cm sur la plaque du four. Y déposer l'ananas debout et l'ensevelir de sel à hauteur en prenant soin de laisser dépasser le plumet du fruit.

• Cuire au four durant une heure et quinze minutes à 150 °C.

• Presser le jus des oranges, faire réduire ce jus dans une casserole de moitié avec les 50 g de sucre et la demi-gousse de vanille.

• Laisser reposer l'ananas une heure après cuisson.

DRESSAGE

• Casser la croûte de sel devant votre convive, éplucher l'ananas en prenant soin d'ôter les pépins.

• Couper l'ananas en très fines lamelles dans le sens de la largeur et le disposer en rosace dans l'assiette. Verser le jus d'orange sur l'ananas et servir chaud.

Pages précédentes, de gauche à droite:
L'intendance doit suivre.
Pirouette signée Alain Passard: les tomates confites en dessert, recette ci-dessus.

GÉRALD PASSÉDAT

LE PETIT NICE - PASSÉDAT

MARSEILLE

L'HOMME

Peut-être que le lieu a caché l'homme. Un des plus beaux lieux de Marseille. Vus de cette terrasse qui s'avance vers le large, la rade, la Corniche, le cap Croisette et les îles sont des repères lointains. D'ici, la nuit est une guirlande de lumières, la ville une rumeur. Un palmier et quelques platanes justifient le nom de l'établissement. Ils entretiennent, autour de la piscine, des nostalgies de villégiature Belle Époque. En plein Marseille, on se croirait sur la côte d'Azur du temps des Anglais et des princesses russes.

Or, Gérald Passédat est d'ici. Marseillais et fier de l'être. Quand il va au Stade, il prend sa place avec les Ultras, les supporters les plus virulents de l'OM, et la Fiesta des Docks, événement festif marseillais par excellence, l'entraîne souvent jusqu'à l'aube. « J'ai été parmi les premiers à croire en cette ville. Il y a vingt ans, on ne parlait pas encore de Guédiguian ou d'Izzo et tout le monde me conseillait plutôt d'aller vivre ma vie ailleurs. J'ai tenu bon. Parce que, lors d'un voyage à New York, je suis sorti avec des artistes à Soho et à Tribeka. Et j'ai compris qu'on a tout ce décor et cette vie chez nous, en miniature. »

En vrai, ce fils de famille éduqué dans les principes d'une bonne maison bourgeoise n'est donc pas mondain pour deux sous, fuit les cocktails et fait plutôt la bringue, quand il n'est pas en cuisine, avec ses copains. Cela n'aide pas à polir une image. « J'ai toujours refusé de faire des efforts pour séduire la bonne société marseillaise et les médias. C'est vrai que parfois, je ne suis pas assez miel. »

Cela mériterait pourtant de se savoir : il y a, à Marseille, ville peu portée sur la haute gastronomie, un établissement transmis de génération en génération depuis 1917, avec à sa tête un chef de quarante-trois ans, plein héritier de la tradition familiale et tout bouillant d'invention. Enfant, il s'est formé en humant les casseroles que

LE PETIT NICE PASSEDAT
PASSEDAT

faisaient mijoter ses deux grand-mères, l'une italienne, l'autre catalane. Cela ne l'a pas empêché, ensuite, de faire ses classes chez les meilleurs Parisiens. Le caractère a fait le reste. « Choisir le métier de cuisinier, à la fin des années 70, n'allait pas de soi. Il était mieux vu de devenir médecin, avocat ou voyou. »
Gérald a conservé, revenu dans sa ville à la tête du *Petit Nice*, les deux macarons que son père avait gagnés au Michelin. En attendant mieux. Car il s'agit d'un vrai créateur, sans cesse en recherche, un de ceux qui mettent, comme il dit lui-même, toute leur « haine » dans leur cuisine ■

Pages précédentes : *Le « Petit Nice-Passédat », un classique de la Corniche à Marseille.*

Ci-dessus : *Discussion en cuisine.*

Page de droite : *Pas de doute : ce denti a été pêché dans la nuit, et à la ligne.*

LE PAYSAGE

Sa terre à lui, c'est la mer. Il la voit depuis tout petit, il a grandi là, dans la salle de restaurant qui surplombe les rochers, un morceau de calanques, tout brut et plein d'embruns, au cœur de la ville. Gérald Passédat est un chef de la mer. En bon Marseillais, il se reconnaît plus côté horizon que dans l'arrière-pays provençal. De son propre aveu, les entrées de légumes, sur sa carte, ne sont là que pour « satisfaire nos besoins végétaux ». Il s'explique : « J'en avais marre que les étrangers me réclament systématiquement une salade. » Quant aux trois plats de viande qu'il a conservés, bien que parfaits, ils ne sont pas sa priorité. « Je finirai par devenir un cuisinier de poissons à part entière. »

Gérald Passédat ne va pas à la criée, mais s'adresse directement aux pêcheurs de la ville. Ils passent, tous les jours, en barque ou en voiture, avant d'aller installer leur banc sur le Vieux Port. Ceux qui ont sa confiance se comptent sur les doigts d'une main, et le métier se perd. Ils suffisent quand même, pour l'instant, à rapporter sur la terrasse du *Petit Nice* loups de ligne, dentis, rougets de roche, anémones de mer, chanvris (les « cigales de mer »), langoustes du coin, oursins ou violets. Des produits rares. Précieux.
Comme on est entre soi, on se redit que ces poissons et ces fruits de mer, pêchés de frais en Méditerranée, sont bien meilleurs que leurs cousins de l'Océan. Surtout, à vrai dire, quand c'est Gérald qui les prépare. Ni beurre ni crème, juste de l'huile d'olive. Et toujours la même huile, celle d'un petit producteur provençal. « J'en déguste d'autres, à l'aveugle, chaque année, mais je retombe toujours sur celle-là. » Pas de sauce, plutôt des jus, des réductions, des infusions ou des gastriques. Pas trop d'herbes non plus, ce serait le piège en terre provençale.
Les allusions qui rappellent que la cuisine de Passédat est de Marseille et pas d'ailleurs sont subtiles. Ici, c'est un entremet d'artichaut qui vient soutenir la

saveur d'un denti, là quelques lamelles de truffe qui rehaussent un tronçon de loup de mer. Le tout reste parfaitement équilibré, à l'image de ses assiettes blanches, carrées et géométriques, qui exaltent, comme toute sa cuisine, la liberté des saveurs ■

LE STYLE

Il y a d'abord l'oursin de mille façons, l'oursin comme on ne l'a jamais vu. Du corail tout pur à laisser fondre sur la langue, à manger à la cuillère ou sur un feuilleté qui croustille. À boire, à croquer, à siroter, à associer avec tout ce qu'il y a dans l'assiette, des pétoncles ou une mousse de violets. Il y a aussi les beignets d'anémone de mer avec leur nem d'huître qui nous amène, le temps d'un souffle, du côté du Séchuan. Ou les filets de rougets de roche, saupoudrés d'une inattendue panurée de pistaches. Nous voici embarqués. C'est Marseille porte de l'Orient, de la Méditerranée, de l'Autre Monde.

Et puis, soudain, son trou normand à lui. Il arrive sur la table d'autorité, dans un verre à pied. Chaud et froid à la fois. C'est un consommé de pomme de terre sur lequel flotte, légère, une écume de soupe de poissons bien safranée. Un plaisir pour l'œil, à boire d'un trait pour que remonte tout en bloc : la cuisine de l'enfance, les retours de pêche, les soupes de poissons arrosées au cabanon. Les souvenirs de toute une ville, d'une génération. Voilà, c'est passé. Sa musique à lui peut reprendre son cours. Le denti arrive, cuit dans un suc de porcelet.

Telle est la cuisine de Gérald Passédat. Chargée d'émotions, mais déjà ailleurs, préoccupée de nouvelles alchimies. On ne vient pas chez lui pour manger la bouillabaisse, mais on la lui demande quand même. Alors il s'énerve, puis il invente. Un temps, il l'a réduite en terrine, une compression de clichés dans la ville du sculpteur César. Aujourd'hui, il préfère l'éclater, la servir dispersée dans une douzaine de *taraïettes*. C'est toujours une bouillabaisse, mais cubiste. C'est la sienne ■

Page de gauche :
Pendant le service.

Ci-dessous, de haut en bas :
Une assiette d'épices en cuisine.
Les pistils de safran, matière précieuse par excellence.
Quelques rissoles.

POUR 4 PERSONNES
- 8 anémones de mer
- 4 violets
- 1 kg de palourdes
- 1 kg d'amandes
- Persil
- Huile d'arachide
- 20 cl de vinaigre balsamique 12 ans
- 1 citron
- Vinaigre de vin

Pour la pâte à beignets
- 500 g de farine
- 5 jaunes d'œufs
- Sel et poivre
- 40 cl de bière noble

PRÉPARATION
45 minutes

TEMPS DE CUISSON
3 à 5 minutes

L'entrée du Vieux Port.

Anémones de mer en beignets nem d'huîtres et onctueux aux moules de Séquan en saveurs iodées.

RÉALISATION

• Nettoyer les coquillages, sauf les violets, les mettre à cuire. Dès qu'ils s'ouvrent, les retirer du feu, puis réserver le jus filtré au frigo.

• Pour préparer la pâte à beignets, mettre la farine dans un récipient, ajouter les jaunes d'œuf et incorporer la bière jusqu'à obtention d'une pâte lisse. Saler et poivrer.
Retirer la chair des coquillages cuits, les mettre à chauffer dans leur jus citronné.

• Confectionner les beignets : tremper les anémones dans le vinaigre de vin, égoutter. Les couper en morceaux. Incorporer ces morceaux dans la pâte à beignets. Faire frire 5 minutes dans l'huile d'arachide à 180 °C.

• Ouvrir les violets : les couper en deux et décoller la chair avec le pouce.

• Disposer les coquillages avec les violets en morceaux dans l'assiette. Saupoudrer de persil haché. Faire chauffer le bouillon de coquillages avec le vinaigre balsamique, en arroser les coquillages.

• Égoutter les beignets, saler et citronner. Les disposer sur les coquillages.

POUR 4 PERSONNES
- 1 daurade de 1,5 kg
- 1/4 de fumet de poisson
- Gros sel de Camargue
- Poivre blanc
- Huile d'olive

Pour les caillettes
- 100 g de foie de baudroie
- 100 g de chair de poisson
- 1 échalote ciselée
- 50 g de pousses d'épinards
- 1 cuillère à soupe de noilly prat
- 1 pincée de « 4 épices »
- 1 cuillère à soupe de jus de veau
- Sel et poivre

Pour la sauce gastrique
- 300 g de miel
- 300 g de vinaigre de xérès
- 50 g de gingembre
- 1/2 de fond de veau
- 1 aubergine
- Sel et poivre

PRÉPARATION
2 heures

TEMPS DE CUISSON
15 à 18 minutes

L'huile d'olive vient des Baux-de-Provence.

Dos de daurade aux aubergines confites et petites caillettes

PRÉPARATION

• *Préparation de la daurade* : Écailler, ébarber, vider et laver la daurade. Lever l'arête par le ventre pour ne conserver que le dos. Ficeler le dos de daurade comme un rôti puis le portionner en 4 parts de 100 g. Napper d'huile d'olive, assaisonner et réserver.

• *Préparation de la caillette* : Hacher et mélanger dans un cul-de-poule tous les éléments de la caillette afin d'obtenir une farce homogène. Élaborer de fins rectangles sur du papier cuisson et les précuire à l'huile d'olive.

• *Préparation de la sauce gastrique* : Dans une sauteuse faire caraméliser le miel, verser le vinaigre, ajouter le gingembre haché grossièrement, faire réduire et déglacer au fond de veau. Obtenir un jus sirupeux et rectifier l'assaisonnement.

Couper l'aubergine en rondelles, la faire poêler à l'huile d'olive, déglacer au vinaigre de xérès puis la faire confire dans la sauce gastrique ci-dessus obtenue.

RÉALISATION

Marquer la daurade sur le gril, terminer sa cuisson dans un peu de fumet de poisson au four vapeur à 70 °C pendant 15 à 18 minutes.

La laisser reposer quelques minutes avant de la dresser comme indiqué sur la photo.

POUR 4 PERSONNES
- 12 rougets de roche
- 1/2 litre de fumet de poisson
- 1 anis étoilé
- 50 g de coriandre
- 100 g de pistaches concassées
- 5 cl d'huile de pistache
- 8 huîtres 00
- 10 cl d'huile d'olive
- Sel et poivre

PRÉPARATION
1 heure

TEMPS DE CUISSON
4 minutes

Consommé de rougets et huîtres chinoisées, quelques coquillages, une panurée de pistaches

Gérald a grandi dans ces calanques, au cœur de la ville.

RÉALISATION

- Ébarber, vider et écailler les rougets. Conserver leur foie et lever les filets, enlever les arêtes à la pince à épiler. Conserver les arêtes. Réserver les filets des rougets et les foies.
- Faire suer à l'huile de pistache les arêtes des rougets, mouiller au fumet de poisson. Passer ce fumet, le clarifier et y faire infuser l'anis étoilé. Réserver.
- Ouvrir les huîtres et les faire pocher dans leur jus.
- Mixer les foies des rougets avec une partie du consommé, assaisonner et réserver.
- Pocher 6 filets de rougets ciselés dans le consommé et cuire 6 autres filets de rougets à four très chaud.
- Dresser dans une assiette creuse 3 petits filets ciselés et les huîtres, napper largement de consommé et ajouter quelques pétales de coriandre.
- Sur une autre petite assiette, dresser 3 filets entiers panurés de pistaches, un trait d'émulsion de leur foie et une pointe d'huile de pistache.

POUR 4 PERSONNES
1 génoise

Pour le caramel basilic
- 250 g de fondant
- 125 g de glucose
- 1 cuillère à soupe de basilic haché

Pour le coulis
- Mangue, poire et kiwi (selon saison)

Pour le lait mousseux
- 400 g de lait
- 4 feuilles 1/2 de gélatine
- 1 zeste de citron vert
- 100 g de pulpe de passion

Pour la poudre d'orange effervescente
- 1 orange
- 10 g de poudre effervescente

PRÉPARATION
1 heure

TEMPS DE CUISSON
20 minutes

Un établissement résolument élégant.

Pipettes translucides aux fruits de nos passions

RÉALISATION

• *Préparation des rouleaux de caramel basilic* : Cuire le fondant et le glucose à 158 °C, ajouter le basilic haché, mélanger puis verser sur une feuille de papier cuisson afin qu'il refroidisse. Mettre au four un carré de caramel sur feuille de papier cuisson jusqu'à ce qu'il fonde et le tirer finement entre 2 feuilles.
Tailler des rectangles de 6 x 3 cm et former des rouleaux à l'aide d'un moule cylindrique.

• *Préparation de la poudre d'orange effervescente* : Extraire les zestes d'orange, les blanchir 3 fois, les confire et les laisser sécher à basse température. Une fois sec, les mixer avec les pastilles effervescentes.

• *Préparation des coulis* : Mixer séparément chaque variété de fruits avec du sirop puis réserver au froid.

• *Préparation des bouchons de biscuit* : Tailler à l'aide d'un emporte-pièce des bouchons de taille adaptable au diamètre des cylindres.

• *Préparation du lait mousseux* : Chauffer la moitié du lait, coller avec la gélatine puis ajouter le zeste de citron vert et le jus de la passion, laisser prendre. Émulsionner le reste du lait préalablement glacé, incorporer le tout afin d'obtenir une mousse aérée. Mouler cette préparation en forme de cylindre.

• *Préparation des supports pipettes* : Mixer le caramel basilic restant en poudre.

MONTAGE

• Bouchonner une extrémité des rouleaux de caramel basilic à l'aide de biscuit, les garnir de différentes couches de coulis, puis bouchonner l'autre extrémité. Enfin les placer sur les supports de caramel basilic mixé, préalablement disposés en forme de carré.

• Découper en cylindre de 5 cm le lait mousseux. Le paner de poudre d'orange effervescente puis le disposer sur l'extrémité de l'assiette.

ANNE-SOPHIE PIC

PIC

VALENCE

LA FEMME

Ça s'est fait en deux temps. Une première fois, neuf mois et puis s'en va, Anne-Sophie a reculé devant l'institution familiale. Pas d'école hôtelière, pas d'apprentissage, pas de tournée dans les grandes maisons, juste une école de commerce, à Paris. Forcément, quand l'enfant prodigue revient jouer les chefs, les vieux routiers des fourneaux rigolent. Son frère aîné est déjà aux commandes, son père est mort brutalement, l'artiste a beaucoup à apprendre. Il est trop tôt, elle le sent, se retire du jeu et crée, avec son mari, l'hôtel confortable qui manquait encore à la maison Pic. En 1999, nouvel essai. Entre-temps, le restaurant est tombé de trois à deux étoiles au baromètre Michelin. Tout en écoutant ce que veulent bien lui apprendre les anciens de son père, elle impose sa fantaisie à elle. Ça passe ou ça casse. C'est passé.

On a l'habitude, chez les Pic, de ces nouveaux départs. À l'origine de la saga, l'arrière-grand-mère qui tenait *L'Auberge du Pin* dans un petit village, en Ardèche, pendant que son mari travaillait aux champs. Un café de campagne où l'on sert des terrines et du gibier. Le grand-père, lui, est un peu comme Anne-Sophie : avant de succéder à ses parents, il prend son temps, il a la bougeotte et va apprendre le métier à Paris. Il en revient avec une autre idée de la cuisine. Résultat : trois macarons en 1934, un an seulement après la création du guide Michelin. Il vient alors s'installer à Valence, dans la Drôme. L'avenue Victor-Hugo, bordée de champs, n'est autre que la nationale 7. Avant l'autoroute et les trains à grande vitesse, ce restaurant va devenir, comme *Troisgros* à Roanne, une étape de choix sur la route de la Méditerranée. Curnonsky tourne alors un compliment resté historique : « Il y a trois créateurs de la cuisine moderne : Dumaine, Pic et Point. »

Il n'empêche : le père d'Anne-Sophie, lui, a bien failli devenir garagiste. Car tout passe, même les grands rêves, et le grand-père a fini par laisser s'envoler deux de ses étoiles. C'est son épouse qui a convaincu le papa de rester, quitte à tout reprendre à zéro. Comme il a du talent, il relève le défi. Son chausson à la truffe et son loup au caviar font le tour de France. Anne-Sophie les sert tels quels, en hommage. Elle en tire une philosophie : « Pour son temps, mon père faisait déjà une cuisine inventive. » On sent là une manière de légitimer, sans en avoir l'air, sa démarche à elle.

Tant pis pour ceux qui vont trouver que décidément, ce n'est plus comme avant : Anne-Sophie imprime sa marque à la carte. Ce petit bout de femme, toute douce mais têtue, ne cache pas son admiration pour Alain Passard ou Michel Bras mais ne va chercher ses modèles qu'au fond d'elle-même. « Je suis venue dans ce métier pour créer. » Depuis qu'elle n'a plus à s'imposer en son propre royaume, elle revendique une certaine sérénité. « Les premiers temps, j'ai testé mon autorité. J'avais mon père pour modèle, donc je poussais des coups de gueule comme lui. Aujourd'hui, je suis assez sûre de moi pour demander leur avis à mes collaborateurs. J'avance avec diplomatie. J'essaie de rester une femme. » Une des rares femmes chefs en France, depuis que les mères lyonnaises ont laissé place aux grands mâles de la cuisine française ■

LE PAYSAGE

Son père ne lui a pas vraiment appris la cuisine, mais il lui a donné le goût des bonnes choses.

« Toute petite, j'avais toujours du bon pain, du beurre et du chocolat dans mon cartable pour mon goûter. Jamais un biscuit industriel, à mon grand désespoir. En famille, on allait manger un peu partout et il me commentait tout le repas. Plus tard, quand je suis montée à Paris pour continuer mes études, il me cuisinait des petits plats que j'emportais dans un Tupperware. » Anne-Sophie, héritière

Salsifis ou salades croquantes, les légumes sont un trésor de la vallée du Rhône.

Ci-dessus :
Le massif du Vercors, aux portes de Valence.

Pages suivantes, de gauche à droite :
La salade arrive droit de chez Jean-Luc Reillon, un voisin maraîcher.
Le grand théâtre de la salle, vu depuis les coulisses.

d'une lignée de gourmets professionnels, a découvert les saveurs par la haute gastronomie plus que par la cuisine de terroir. C'est ainsi qu'au cœur de la Drôme, elle a pris l'habitude de travailler les produits de la mer. « J'en ai toujours vu chez mon père, si bien que les poissons ont été ma première spécialité en cuisine. » Depuis, elle a appris, aussi, à mettre en valeur le paysage qui l'entoure. À se tourner vers la côte ou vers Lyon, ville qui forcément ne laisse pas un cuisinier indifférent. C'est toute la richesse de la région, cette hésitation entre l'huile d'olive et la crème, la garrigue et les forêts sombres du Vercors, le beaujolais et le côte-du-rhône. Anne-Sophie a passé ses vacances en Ardèche et dans les Alpes-de-Haute-Provence. Elle pense que la cuisine de Provence est plus adaptée aux modes de vie contemporains que celle de Lyon. Voilà qui donne sa couleur. Son bistrot, *L'Auberge du Pin*, est franchement provençal. Les salles du restaurant gastronomique, elles, sont plus bourgeoises, plus « bonbon ». Mais toujours colorées.
On trouve chez Anne-Sophie Pic de l'agneau de Rémuzat, dont la chair claire a un goût de maquis, des châtaignes et du lièvre venu de l'Ardèche. Des lentilles du Puy et des oursins de Méditerranée. Du Picodon et du bleu de Sassenage du Vercors voisin. Et de la truffe en saison, puisque la truffe noire dite du Périgord pousse en quantité dans la région. « Mon père la servait cuite. Ma génération l'utilise crue, juste rehaussée par un filet d'huile d'olive et de la fleur de sel. » À ces produits de chez elle, elle ajoute le bœuf de Salers, le canard de l'Huppe, voire les pommes de terre de Monsieur Clos, seigneur de la ratte, installé... en Brie. Son terroir, c'est toute la France ■

LE STYLE

Pour Anne-Sophie, avancer c'est développer sa propre mémoire du goût. Voyages, découvertes, coups de cœur s'inscrivent saison après saison sur sa carte. C'est ainsi qu'elle en est arrivée, ces derniers temps, à des compositions thématiques articulées autour d'une seule saveur. Souvenirs d'été et de vacances : elle est partie, par exemple, du parfum de l'iode pour associer, sur une même assiette, une petite dizaine de fruits de mer qui respirent à la fois les embruns et le soleil. Ainsi, l'artiste quitte peu à peu les bases tranquilles de la cuisine bourgeoise – ses origines – pour s'aventurer sur des chemins plus personnels.
Donc, chez Anne-Sophie Pic, des goûts marqués, mais toujours de la légèreté. Des émulsions, des jus réduits, des gelées, mais aussi des techniques empruntées à toutes les cuisines du monde. La Saint-Jacques est rôtie à la plancha comme à Barcelone, le loup cuit à la vapeur de Wakamé comme à Kyoto et les ravioles de bœuf sont en consommé façon bortsch. Le tout est en général mis en valeur par un luxe de petits détails. Palets, bonbons, calissons, tuiles et mousselines sont des termes récurrents sur sa carte. Elle dit que c'est le côté féminin de sa cuisine.
Pour autant, Anne-Sophie Pic n'oublie pas d'où elle vient. Même s'ils se sont largement renouvelés, les clients de la maison ne sont pas tous prêts à se laisser entraîner dans son périple à elle. Tant mieux : elle voit là une école de rigueur. « Surprendre les gens d'accord, mais toujours en douceur, si l'on ne veut pas qu'ils soient largués. Chez moi, j'attache autant d'importance à la carte, dont les plats sont plus traditionnels, qu'aux menus dégustation où je suis pourtant beaucoup plus libre. » ■

Ci-contre, de gauche à droite :
Les navets au caramel, recette page 176.
Mise au point d'une nouvelle recette : au millimètre.

Page de droite :
Valence est entre Lyonnais et Provence, mais Anne-Sophie Pic joue côté Sud.

Chausson aux truffes "André Pic"

POUR 4 PERSONNES
- **6 belles truffes pelées d'environ 30 g pièce (gardez les chutes pour la garniture)**
- **6 petites bardes de lard gras très fines (épaisseur maximum : 1 mm)**
- **10 g de jus de viande réduit à feu doux pour concentrer les saveurs**
- **250 g de pâte feuilletée (à commander chez votre pâtissier)**
- **Sel et poivre du moulin**
- **1 jaune d'œuf (pour la dorure)**

PRÉPARATION
40 minutes

TEMPS DE CUISSON
25 minutes

RÉALISATION

• Abaisser le feuilletage en donnant à l'abaisse une épaisseur de 6 mm.

• Tailler à l'aide d'un emporte-pièce dentelé de 12 cm de diamètre deux ronds de pâte feuilletée identiques ; disposer sur l'un des ronds une truffe que l'on aura préalablement tartinée de jus de viande, assaisonnée et enveloppée de la barde de lard.

• Façonner ainsi chaque chausson, en mouillant légèrement les extrémités des deux ronds de pâte avec un pinceau, afin de les coller.

• Faire dorer et cuire au four : pendant les cinq premières minutes à 180 °C, puis finir de cuire 10 à 15 minutes à 220 °C.

• Vous pouvez servir ce plat avec une salade verte garnie des chutes de truffes hachées.

Navets au caramel épicé

POUR 4 PERSONNES
- **1 navet blanc long**
- **100 g de sucre en morceaux**
- **2 g de mélange « 4 épices »**
- **Fleur de sel et poivre**

PRÉPARATION
30 minutes

TEMPS DE CUISSON
40 minutes

RÉALISATION

• Laver, éplucher le navet, le tailler à l'emporte-pièce en palets réguliers d'1 cm d'épaisseur, Cuire ces navets dans une eau bouillante salée. Les rafraîchir pour arrêter la cuisson. Les éponger sur papier absorbant.

• Réaliser un caramel clair en additionnant au mélange sucre et « 4 épices » avec environ 5 g d'eau.

• Dans une sauteuse, déposer les palets de navet sur le caramel. Faites-les confire en les arrosant constamment avec le caramel, afin qu'ils s'en imbibent.

• Lorsque les navets sont confits et ont pris une couleur dorée, les retirer, les assaisonner d'un peu de fleur de sel et de poivre du moulin.

POUR 8 PERSONNES

- **2 kg de chipirons (vous pouvez également utiliser de petites seiches ou du blanc de calamars mais c'est moins goûteux)**
- **150 g d'oignons rouges**
- **150 g de poireaux**
- **150 g de carottes**
- **150 g de céleri**
- **5 g d'ail haché**
- **30 g d'échalote**
- **1/4 de botte de ciboulette**
- **1/4 de botte de cerfeuil**
- **1/4 de botte de persil**
- **1/4 de botte de coriandre**
- **1/4 de litre d'huile d'olive**
- **2 cuillères à soupe de vinaigre balsamique blanc**
- **5 pistils de safran en poudre**

PRÉPARATION
45 minutes

TEMPS DE CUISSON
25 minutes

Tables dressées.

Chipirons marinés, légumes croquants

RÉALISATION

• Vider, nettoyer les chipirons, les tailler en lanières et les mettre à égoutter.

• Éplucher, parer et tailler les légumes en lanières et les oignons en pétales.

• Poêler les légumes à l'huile d'olive avec de l'ail haché et du thym frais et assaisonner en les gardant croquants.

• Les égoutter, les laisser refroidir légèrement et les mettre à mariner avec le safran, les herbes lavées et concassées dans l'huile d'olive.

• Poêler les chipirons à l'huile d'olive fumante dans une poêle antiadhésive, avec les échalotes épluchées et émincées préalablement confites à l'huile d'olive et un peu d'ail haché. Les égoutter et les assaisonner d'une vinaigrette d'huile d'olive, vinaigre blanc et ciboulette ciselée.

• Dresser au centre de l'assiette les légumes croquants. Disposer les chipirons sur le dessus et servir.

POUR 5 PERSONNES

Pour les oursins
- 5 oursins
- 100 g de lait
- 30 g de langues d'oursin
- 3 jaunes
- 1 œuf
- 5 g de jus d'oursin
- Sel et poivre

Pour la chantilly de pommes vertes
- 20 g d'algue

Pour la décoration de l'assiette
- 450 g de jus de pomme verte
- 125 g de jus de pomme verte
- 5 g de gélatine
- 6,5 g d'agar-agar (gélatine à base d'algue en vente dans les boutiques diététiques)
- 1 demi-jus de citron
- 1 pomme verte

PRÉPARATION
45 minutes

TEMPS DE CUISSON
10 minutes

Au passe, ultime fignolage avant d'envoyer en salle.

Oursins de roche en coque, crème prise d'oursin en acidulé de pomme granny-smith

PRÉPARATION DES OURSINS

• Ouvrir les oursins un par un avec une petite paire de ciseaux. Récupérer délicatement les langues avec une cuillère à moka, garder le jus des oursins (filtré) au réfrigérateur. Laver délicatement les oursins ouverts sous un filet d'eau tiède. Rectifier l'assaisonnement.
• Mélanger dans un saladier en fouettant les jaunes d'œufs, l'œuf entier, le lait, les langues et le jus des oursins. Mixer le tout dans un robot.
• Remplir équitablement les oursins à 3/4 de hauteur avec cette préparation.
• Faites cuire les coques environ 15 minutes à 80 °C au four vapeur, puis laisser-les refroidir au réfrigérateur recouvertes d'un papier film.
• Tiédir 325 g de jus de pomme verte dans une casserole, ajouter dans le jus chaud, les 5 g de gélatine préalablement ramollie dans un bol d'eau froide et l'agar-agar en fouettant.
• Verser le reste du jus de pomme au mélange, ajouter le demi-jus de citron et verser le tout dans une « bouteille » à Chantilly (en vente dans les boutiques d'articles de cuisine).
• Dresser les oursins sur des petites assiettes en les calant avec du gros sel. Garnir chaque oursin avec de la chantilly à la pomme, décorer d'un bâton de pommes vertes et d'une langue d'oursin et déguster bien frais.

POUR 4 PERSONNES
- 2 mangues
- 1/4 de litre de glace à la vanille ou 1/4 de litre de sorbet à la mangue
- 8 grandes feuilles de pâte à bricks
- 10 g de sucre glace

Pour le sirop de pochage
- 1 dl d'eau
- 50 g de sucre
- 1/2 gousse de vanille

Pour la crème citron
- 40 g de crème pâtissière voir recette (Michel Portos)
- 20 g de chair de citron (les segments pelés à vif)
- 1 feuille de gélatine
- 50 g de crème liquide

Pour le sucre transparent
- 40 g d'eau
- 100 g de sucre
- 40 g de glucose
- 1/2 gousse de vanille

PRÉPARATION
1 heure 30

TEMPS DE CUISSON
40 minutes

Pour supprimer les derniers faux plis, les nappes sont repassées en salle.

La mangue confite à la vanille, croustillant de sucre et crémeux au citron, sorbet vanille

RÉALISATION

• Préparer un sirop avec l'eau, le sucre et la vanille fendue en deux.
• Éplucher et couper les mangues en tranches fines, les pocher dans le sirop bouillant 5/8 minutes. Les égoutter.
• Découper dans les tranches des petits ronds à l'emporte-pièce et les chutes en petits cubes.
• Détendre la crème pâtissière avec une purée de chair de citron. Gonfler la gélatine dans de l'eau froide. Monter la crème liquide en chantilly.
• Égoutter la gélatine, la faire fondre dans un peu de crème et l'incorporer à la crème pâtissière et au citron écrasé. Ajouter délicatement la crème fouettée
• *Préparation du sucre transparent* : Cuire tous les ingrédients jusqu'à 150 °C.
Arrêter la cuisson et couler le sucre cuit sur une feuille de papier, laisser refroidir.
Mixer le sucre froid dans un robot.
Mettre à fondre cette poudre sur une feuille de papier cuisson au four à 200 °C, puis l'étaler (le plus fin possible) sur une autre feuille. Découper le sucre pendant qu'il est chaud et le rouler autour d'un tube, laisser durcir.

AU MOMENT DE SERVIR

• Mettre le tube de sucre au milieu de l'assiette, garnir l'intérieur avec une couche de crème citron, puis de mangue hachée, de crème et finir par la mangue hachée.
• Faire cuire les 8 feuilles de pâte à bricks en les superposant deux par deux au four 5 minutes sur une plaque.
• Tailler les feuilles de brick identiques aux ronds de mangue. Les sucrer et les faire caraméliser au four.
• Poser 1 rond de mangue sur 2 disques de pâte à bricks et recommencer 4 fois l'opération.
Les poser sur les cylindres et servir avec une cuillère de réduction de sirop de cuisson et une quenelle de glace vanille ou sorbet mangue.

Pierrot
Euro-Toques
LILLE-LE TOUQUET

PIERROT

LE BISTROT DE PIERROT

LILLE

L'HOMME

Un homme du Nord, un vrai. De ceux qui aiment les balades dans les dunes quand les touristes ont fait leurs valises, les jours entiers de crachin, les bistrots où l'on se serre entre copains, à la nuit tombée, les verres qui succèdent aux verres. Mais sur la plage comme au comptoir des estaminets, Pierrot ne passe pas longtemps inaperçu. Question de verbe (il l'a haut) et de corpulence – pas loin de deux mètres et, de son propre aveu, un kilo de plus chaque année. Question, surtout, de notoriété. Figure de la vie locale, Pierrot signe des autographes à tour de bras. Sa carrière médiatique a débuté après sa rencontre avec Pierre Bonte, lui-même originaire des environs de Lille. Avec ce maître en terroir audiovisuel, il a lancé une émission de 13 minutes quotidiennes sur France 3 Nord, qui dure encore... sans Pierre Bonte. Et le reste a suivi, les propositions des éditeurs pour des livres de recettes, les salons, la presse, les conserves avec sa photo sur le bocal, distribuées dans toutes les grandes surfaces de la région. Tout comme Rebuchon, mais au coin de sa rue. Et sur son site Internet, ses clients-copains n'hésitent pas à lui envoyer un message pour connaître le jour du prochain Parmentier. « Je me suis pris au jeu. J'ai beaucoup de plaisir à faire mon spectacle. Mais je reste attaché, par-dessus tout, à mon bistrot de Lille. »

Un bistrot tout en longueur, grand comme un mouchoir de poche, au bout du centre de Lille. Mais complet midi et soir, ce qui lui assure près de deux cents couverts par jour. Une institution, où il fait autant son spectacle qu'à la télé, trinque avec une tablée amie et frappe sur l'épaule de tous les notables. Pierrot l'a ouvert il y a une quinzaine d'années, et lui a donné son prénom, puisque personne ne l'a jamais appelé M. Coucke. Depuis, il a eu des tas d'autres affaires, au Touquet ou ailleurs. Mais elles n'ont eu qu'un temps. *Le Bistrot*, lui, demeure.

Pierrot y fait ce que lui a appris la « Mère Simone », maintes fois citée sur sa carte, qui n'est autre que sa maman. Celle-ci tenait une auberge au cœur des Flandres françaises, non loin de la frontière belge. Elle lui a donné le goût des têtes de veau sauce gribiche, des tripes qui cuisent huit heures sur le poêle, des gigots piqués d'ail et des poules au riz du dimanche. « À l'école, je n'étais pas très bon. Mais, à 14 ans, quand je me suis inscrit au CAP de cuisinier, je me suis retrouvé dans les premiers. » À cette formation familiale et sensuelle, Pierrot ajoute sa chaleur et sa verve de bateleur. Souvenirs du temps où, enfant, il espionnait les tables de maquignons qui cassaient la croûte à l'auberge, affaires conclues. Et à tout prendre, en salle, il préfère porter le tablier plutôt que la veste et la toque ■

LE PAYSAGE

À la télévision, Pierrot émaille souvent ses recettes de quelques mots de patois. Le lapin est bon lorsqu'il se « décafote » (l'os s'en va de la chair), le caramel « guille » (il claque entre les doigts) et le tout doit vous faire « berlafer », autrement dit baver. Une manière de rappeler que sa cuisine est ancrée dans la terre du Nord. Un Nord fait de plaines et de mer, de bières et de patates, de France et de Belgique. Dans sa cuisine, Pierrot travaille les crevettes grises, celles que l'on mange à la belle saison sur les plages d'Ostende ou de La Panne, dans une tomate creusée. Il précise que la sole, chez lui, est « belle », c'est-à-dire copieuse, charnue, et pas maigrelette comme dans les brasseries parisiennes. Elle figure donc, sans complexe, sur l'ardoise où s'allonge plutôt la liste des cochonnailles, andouillettes, pieds de porc et autres jarrets. Sur la carte le chef ânonne ses préférences : abats de toutes sortes, rognons de veau et tripes de porc. Il fut l'un des premiers, à Lille, à servir un os à moelle, saupoudré de gros sel qu'on n'appelait pas encore, à l'époque, sel de Guérande. Pierrot est aussi le roi des endives de pleine terre, ces chicons qui ont un goût inimitable au pays de la chicorée-reine. Il a employé les potirons bien avant l'invention

Page précédente, de gauche à droite :
Entre Le Touquet et Bray-Dunes, la côte qui inspire Pierrot.

Ci-contre, de gauche à droite :
Les chicons, perles de la terre du Nord.
La flamiche côtoie la tarte aux oignons : une cuisine de bistrot.
Les brasseries artisanales sont en pleine renaissance.

Page de droite :
La bintje, la pomme de terre du Nord, idéale pour les frites.

d'Halloween. Il fait aussi des frites, fraîches, avec les bintjes que produit la terre grasse du Nord et réserve les rattes du Touquet aux plats plus raffinés. « Il y a une inflation générale sur les produits du terroir. Moi, je les ai toujours utilisés, mais ça me gêne presque, tellement ils sont à la mode. Voilà que maintenant on m'écrit pour me demander quelles pommes de terre il faut pour accompagner des harengs. Où va-t-on ! »

Pierrot aime juste que ça tourne rond, sans couper les cheveux en quatre. Au pays de la bière, alors que prolifèrent, tout autour de lui, les microbrasseries, il ne sert que la Trois Monts, de ses chers monts de Flandres, la Grain d'Orge, bière de garde brassée ici et la Chti. « Ça suffit amplement, sinon, il faudrait en avoir plus de trente. Je ne m'en sortirais pas. » ■

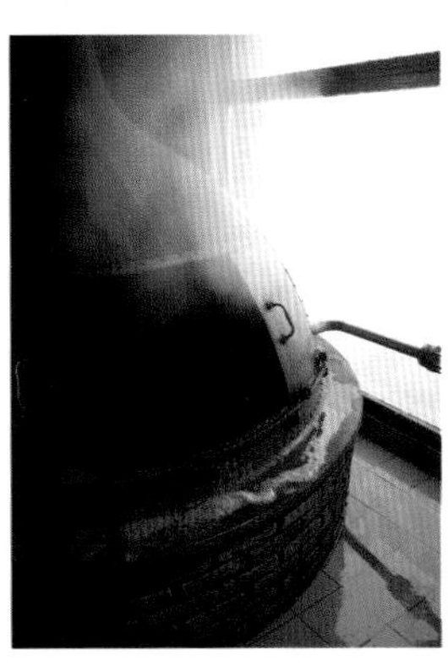

Ci-dessus, de haut en bas :
Les frites du Nord, une vraie culture populaire.
Brassage de la bière dans une microbrasserie.

Page de gauche :
Les moules de bouchot viennent de la baie de Somme ou du Mont-Saint-Michel, recette page 195.

LE STYLE

Petit clin d'œil : à côté de la « Tarte des demoiselles de Hazebrouk » (lesquelles existent bel et bien, la preuve, l'une d'elles est venue chez Pierrot goûter à sa propre spécialité), les crêpes Suzette ont droit à un commentaire de la carte. Elles sont dites « presque comme à l'Huîtrière », la grande et vénérable maison de Lille. « Sauf que Didier, le chef, met une demi-heure à les préparer. » Chez Pierrot, il faut faire vite et bien : même quand il fait son spectacle, le patron a toujours un œil sur les assiettes qui sortent de sa cuisine.

Jamais de fonds de sauce, pas de préparation savante : Pierrot fait les choses à sa façon, un peu de vin blanc par-ci, une cuillère de cassonade par-là. Il a beaucoup observé les bouchons lyonnais, qu'il marie à la tradition des estaminets flamands. La salade de museau vinaigrette copine donc avec la flamiche au maroilles et le saucisson chaud ne s'offusque pas d'avoir pour voisin le saumon en waterzoï, variante nordique de la bouillabaisse marseillaise.

Mais ses deux spécialités sont bel et bien d'ici : la carbonade, qui est aux Flandres ce que le bœuf bourguignon est à la Bourgogne et le Potjevleesch. Mélange de porc, poulet, lapin et veau, servi froid et en gelée. « Un plat, raconte-t-il, que les pêcheurs de Dunkerque emportaient en mer avec eux, un plat facile à faire et à conserver. » Comme il a des contacts avec les industriels locaux, Pierrot l'a mis en bocaux avec sa tête sur l'étiquette, et ces conserves sont vendues dans tous les supermarchés de la région. Un jour, c'est promis, il révèlera le Potjevleesch à la France entière.

« Même là-bas, sur la côte d'Azur, sûr qu'ils aimeraient s'ils connaissaient. C'est, rafraîchissant, léger. Parfait pour l'été, quand il fait chaud. Ce serait une belle manière de faire connaître à tout le pays la richesse de notre cuisine. » ■

POUR 4 PERSONNES
- 4 gros œufs de ferme
- 4 cuillères à soupe de crème fraîche
- 50 g de beurre demi-sel + 20 g pour les ramequins
- 150 g de crevettes grises
- Sel et poivre
- 1/4 de botte de ciboulette

PRÉPARATION
35 minutes

TEMPS DE CUISSON
10 minutes

Oeufs cocotte aux crevettes grises

RÉALISATION

• Laver et hacher finement la ciboulette. Décortiquer délicatement les 3/4 des crevettes grises (il existe des crevettes grises prédécortiquées).

• Beurrer 4 ramequins en porcelaine. Répartir les crevettes décortiquées dans le fond de chacun des ramequins avec un peu de ciboulette hachée. Casser un œuf dans chacun des ramequins, ajouter 1 cuillère de crème fraîche, saler, poivrer. Mettre les ramequins au bain-marie. Laisser prendre 1 minute sur le gaz et mettre au four à 170 °C pendant 5 à 6 minutes.

• Lorsque les œufs sont cuits (ils doivent rester moelleux), les sortir du four, disposer sur le dessus le reste des crevettes grises et la ciboulette. Rectifier l'assaisonnement en sel et poivre et servir immédiatement avec de grosses tartines de pain au beurre salé.

POUR 4 PERSONNES
- 300 g de pâte feuilletée
- 5 œufs
- 1 noix de muscade
- 400 g de maroilles bien fait
- 10 à 20 cl de bière brune
- 4 cuillères à soupe de crème fraîche

PRÉPARATION
20 minutes

TEMPS DE CUISSON
20 minutes

Flamiche au maroilles

RÉALISATION

• Étaler la pâte feuilletée (on peut aussi prendre une pâte à foncer ou une pâte brisée) et la disposer dans une tourtière de 24 cm.

• Gratter la croûte, détailler le maroilles en grosses tranches et placer ces lamelles sur la pâte.

• Battre les œufs en omelette avec la crème, le sel, le poivre et la muscade râpée.

• Ajouter la bière brune tout en continuant de battre. Verser ce mélange sur le maroilles.

• Enfourner la flamiche dans le four à 200 °C et laisser cuire 30 à 35 minutes.

• Servir chaud avec une salade de trévise.

Les bonnes frites assaisonnées au sel de mer

POUR 4 PERSONNES
- **8 grosses pommes de terre**
- **2 litres d'huile de tournesol**
- **50 g de gros sel de mer**

PRÉPARATION
30 minutes

TEMPS DE CUISSON
30 minutes

RÉALISATION

• Éplucher les pommes de terre. Les rincer sous un filet d'eau froide puis les essuyer dans un torchon. Tailler les pommes de terre en bâtonnets réguliers d'environ 1 cm de diamètre et 10 cm de long.

• Faire chauffer l'huile dans un grand récipient. Lorsque l'huile atteint 150 °C, y plonger les frites. Les laisser cuire 10 minutes en remuant délicatement avec une araignée. Lorsque la pomme de terre est cuite, elle s'écrase entre les doigts. Égoutter alors les frites sur un grand torchon propre ou papier absorbant.

• Refaire chauffer l'huile et lorsqu'elle atteint environ 180 °C, plonger les frites une deuxième fois pour les dorer. Les égoutter sur du papier absorbant et les assaisonner avec du gros sel en les remuant pour répartir l'assaisonnement.

• Servir toujours les frites bien chaudes et croustillantes, nature ou avec des moules.

Les bonnes moules marinières que l'on mange avec des frites

POUR 4 PERSONNES
- **3 litres de moules de bouchot**
- **4 échalotes**
- **1/2 botte de persil**
- **2 branches de céleri**
- **1/2 litre de vin blanc**
- **50 g de beurre demi-sel**
- **1 gousse d'ail**
- **Sel et poivre**

PRÉPARATION
20 minutes

TEMPS DE CUISSON
20 minutes

RÉALISATION

• Éplucher et laver le céleri et le persil. Hacher le tout grossièrement avec un couteau. Éplucher et hacher les échalotes. Écraser la gousse d'ail entière avec la peau. Gratter et laver les moules.

• Faire fondre le beurre dans une grande cocotte, ajouter les échalotes, la gousse d'ail avec le persil et le céleri en morceaux. Laisser cuire sans coloration 2 minutes puis verser les moules en remuant énergiquement. Verser le vin blanc et laisser cuire à feu vif 8 à 10 minutes en remuant.

• Saler, poivrer et servir les moules dans des assiettes creuses arrosées de jus de cuisson.

POUR 4 PERSONNES
- 1 gros filet de lotte découpé en 8 tranches
- 8 grosses langoustines
- 500 g de moules de bouchot
- 2 carottes
- 2 poireaux
- 1/2 boule de céleri
- 2 échalotes
- 50 cl de vin blanc
- 50 cl d'eau
- 50 g de beurre
- 1/4 de litre de fumet de poisson
- 4 jaunes d'œufs
- 2 cuillères à soupe de crème fraîche
- 1 citron
- Sel et poivre

PRÉPARATION
35 minutes

TEMPS DE CUISSON
35 minutes

Briques rouges et volets de couleur : l'habitat du Nord.

Marmite touquetoise

RÉALISATION

• Éplucher et laver les légumes. Tailler les carottes, les poireaux et le céleri en fine julienne. Hacher les échalotes. Beurrer un grand plat en porcelaine, disposer au fond les échalotes hachées. Saler, poivrer, disposer les langoustines entières et les morceaux de filets de lotte. Mouiller avec le vin blanc et l'eau.

• Enfourner cette préparation 10 minutes à 220 °C.

• Faire fondre les 50 g de beurre dans une casserole. Y ajouter la julienne de légumes et laisser cuire 5 minutes à feu doux en remuant sans la colorer. Lorsque la julienne est cuite, la garder au chaud.

• Verser le fumet de poisson et ajouter les moules préalablement grattées et lavées dans le plat de cuisson, puis refaire cuire l'ensemble 10 minutes à 250 °C.

• Pendant ce temps mélanger la crème et les jaunes d'œufs dans un saladier en fouettant.

• Sortir les poissons du four. Placer les morceaux de lotte, les langoustines et les moules dans des assiettes creuses.

• Verser le jus de cuisson bouillant sur la julienne de légumes, ajouter la liaison « crème œuf » et fouetter énergiquement pour faire épaissir la sauce. Rectifier l'assaisonnement puis napper les assiettes de sauce.

• Ce plat peut s'accompagner de pommes de terre cuites à la vapeur.

POUR 8 PERSONNES
- 10 cl de lait
- 20 g de levure de boulanger
- 250 g de farine
- 5 g de sel
- 1 pincée de sucre semoule
- 2 œufs
- 1 pincée de cannelle
- 100 g de cassonade brune
- 60 g de beurre

PRÉPARATION
- 30 minutes
- Attente 1 heure 30 minutes

TEMPS DE CUISSON
20 minutes

Permanence des commerces traditionnels.

Tarte au suc'roux

RÉALISATION

• Dans un saladier verser 10 cl de lait tiédi. Ajouter la levure, le sucre et le sel en mélangeant à la main. Sans cesser de mélanger, ajouter l'œuf et 200 g de farine en pluie. Ajouter enfin, petit à petit, le beurre en morceaux.

Bien pétrir et ajouter les 50 g de farine restants. Faire une boule avec la pâte et la travailler avec les mains jusqu'à ce qu'elle devienne élastique.

• Poser cette boule sur une assiette, la recouvrir avec un torchon humide et laisser lever à température pendant 1 heure. (La boule de pâte doit doubler de volume.)

• Fariner le plan de travail, étaler la pâte avec un rouleau et la mettre dans une tourtière préalablement beurrée. Caler les bords avec les doigts, recouvrir à nouveau du torchon humide et laisser monter pendant 30 minutes.

• Dans un bol mélanger un œuf entier et une pincée de cannelle et verser sur la pâte.

• Couvrir toute la surface avec 100 g de cassonade brune et y disperser quelques noisettes de beurre.

• Mettre au four à 200 °C pendant 20 minutes. Servir tiède ou froid.

MICHEL PORTOS

LE SAINT JAMES

BOULIAC

L'HOMME

Ça ne se commande pas. C'est venu à quinze ou seize ans. Une passion pour les fourneaux, des samedis entiers à rôder dans les librairies, rayon cuisine et gastronomie. Michel Portos savait déjà, alors, qu'il serait cuisinier, mais, puisqu'il était gentil fils et bon élève, il a eu droit au vieux refrain. Passe ton bac d'abord. Et inscris-toi ensuite à la faculté, tu apprendras un vrai métier.

« C'est après ma première année de comptabilité que j'ai arrêté pour passer mon CAP. Mon père en a fait une dépression nerveuse, ma décision est restée comme une sorte de drame dans l'histoire familiale. » Elle témoigne déjà, pourtant, d'une ambition : le jeune Marseillais ne s'intéresse ni aux pizzas ni aux bricolages culinaires. S'il choisit cette voie, c'est qu'il veut, un jour, intégrer le cercle fermé des grands étoilés. « À cette époque-là, le peu d'argent que je gagnais passait dans des dîners au restaurant. Jamais un verre dans une boîte de nuit. Je mettais tout de côté pour aller, deux ou trois fois par an, dîner avec ma copine chez un grand de la cuisine. J'avais besoin de former mon palais, de me constituer une culture, une sorte de dictionnaire personnel. »

Question de caractère, Michel Portos vise haut. Il a envie de travailler les meilleurs produits, de humer les caviars les plus fins, de trancher les foies gras les plus moelleux. « J'avais – et je conserve – un goût pour le luxe et l'élite. Une fascination, par exemple, pour ces Meilleurs Ouvriers de France, totalement obsessionnels, qui peuvent passer des heures sur un même plat, à régler le moindre détail. Tout cela alors que leur travail est, par définition, voué à l'éphémère. » Michel Portos suit, à sa manière, leurs traces. Dès lors, son parcours passe, forcément, par les meilleures maisons. On le retrouve aux *Jardins de l'Opéra*, chez Dominique Toulouzy, chez Michel Trama à *L'Aubergade*, ou encore chez les Troisgros, avec lesquels il noue de solides relations

Ci-contre,
de gauche à droite :
Quelques échalotes. Doudou, le sommelier du Saint James. Les pigeons de Monsieur Hazera, éleveur à Camarsac.

Page de droite :
L'architecture de Jean Nouvel s'affirme en marge du village traditionnel.

Pages suivantes :
Jus de céleri branche et pomme verte, le tout passé à la centrifugeuse... Marchera, marchera pas ? Le mise au point d'une recette nouvelle mobilise toute l'équipe.

d'amitié. Il s'installe ensuite à Perpignan pour ouvrir, enfin, son restaurant à lui. Six tables, deux personnes en cuisine, et une première étoile au Michelin en deux ans. « Je savais dès lors, que j'étais sur le bon chemin. »
Il découvre du même coup les limites de sa situation. Pour aller plus loin, il lui manque une équipe avec laquelle dialoguer. Des moyens afin de développer les recettes qui l'intéressent, du temps pour essayer de nouvelles compositions.
C'est ainsi qu'il arrive au *Saint James*, candidat à la succession de Jean-Marie Amat ■

LE PAYSAGE

Le lieu est marqué. L'ancienne bastide, où la bourgeoisie bordelaise venait autrefois cacher ses après-midi galants, est plus qu'un bâtiment. C'est une œuvre d'art. Contrepoints de verre et d'acier rouillé en façade. Espaces pincés, mis sous tension, dans les chambres. Découpes de vigne, Garonne et ville encadrées par les baies géométriques de la salle à manger. Un mélange de luxe et de matériaux bruts, béton naturel et plâtres cirés. Un pavé dans la mare tranquille des Relais et Châteaux.
Cet endroit, qui a une présence et une histoire forte, est de surcroît lié à un architecte, Jean Nouvel, lequel fut appelé par le maître des lieux, chef de talent natif de la région, Jean-Marie Amat. L'aventure des deux hommes, la volonté de créer un hôtel à part, où se pressèrent artistes et esthètes, bouscula en son temps les habitudes et les codes de l'hôtellerie française. Depuis, la roue a tourné. Jean-Marie Amat a perdu un jour le contrôle de sa propre affaire. Michel Portos fut appelé après qu'il eut été congédié.
Accepter ou pas ? Braver les fantômes du créateur ou esquiver le défi ? « Ce fut un vrai dilemme. J'ai longuement réfléchi, pris conseil auprès de confrères. Puis j'ai tenté l'aventure. » Parce que l'architecture dépouillée de Nouvel, bien que tailllée sur mesure pour un autre, convient à la retenue très asiatique de sa cuisine. Parce que tout, finalement, reste à faire. Et surtout confirmer, par-delà les revers de

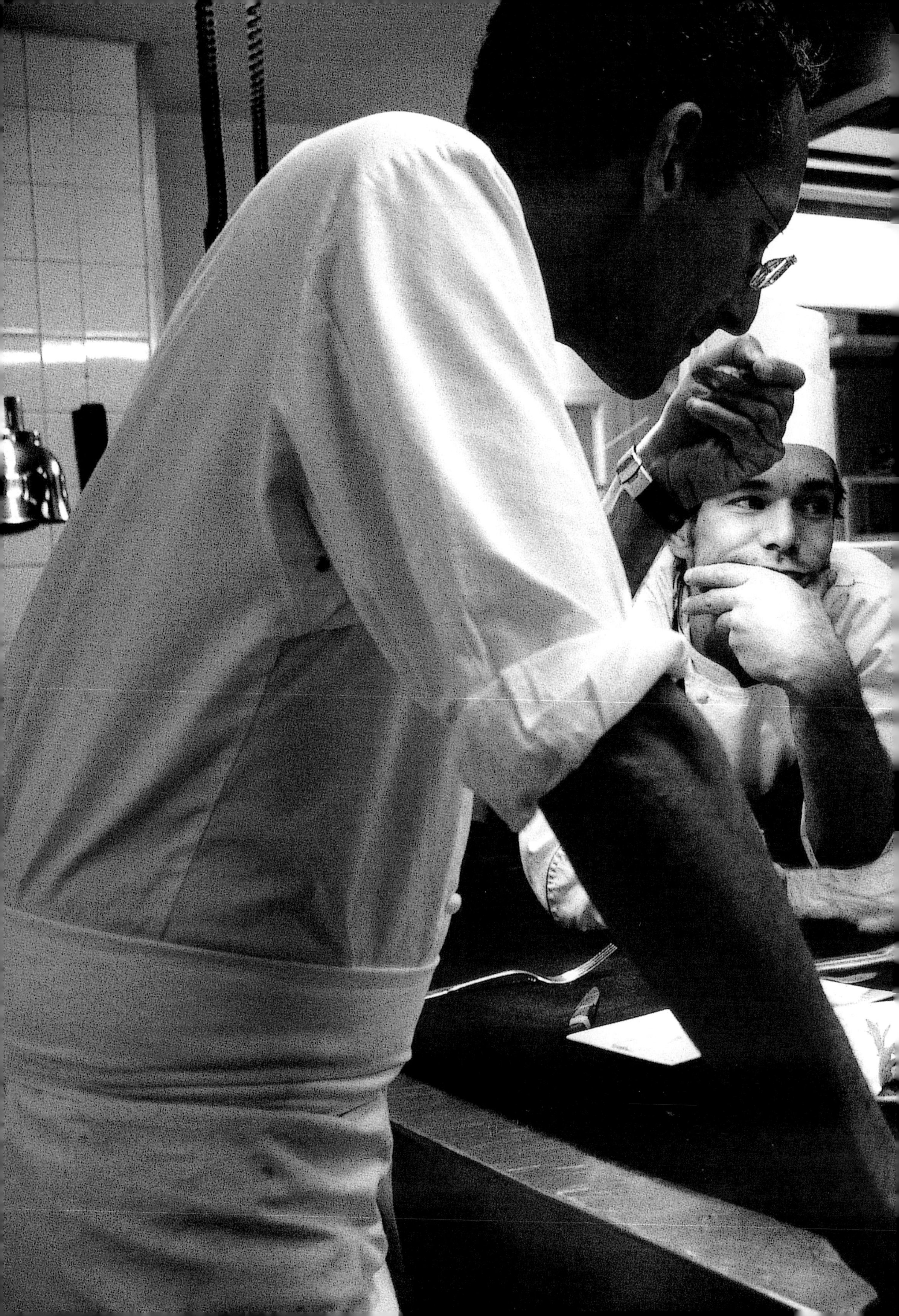

HUITRES FINES du CAP FERRET

CLICHé

fortune, ce qu'Amat avait pressenti. Le *Saint James*, avec son décor hors norme, a tout pour devenir une grande maison, qui survit à ses créateurs. Et l'outil de travail dont dispose désormais Michel Portos, cuisine et brigade de maître, est à la mesure de son talent ■

LE STYLE

Ne pas compter sur lui ni pour les lamproies à la bordelaise ni pour la côte de bœuf grillée sur sarments de vigne. D'excellentes maisons de la ville se sont fait une spécialité de ces plats régionaux. Pour autant, la cuisine de ce Marseillais exilé en Bordelais n'est pas hors-sol. Ici, l'huile d'olive de Provence se marie naturellement aux foies gras, les cèpes et les truffes font leur apparition, comme il se doit, en saison, le maigre, poisson pêché dans l'embouchure de la Gironde, va avec les topinambours tandis que les huîtres, venues tout droit du bassin d'Arcachon, sont associées aux grenades andalouses.

Michel Portos abolit les kilomètres dans une assiette. Quelques réductions de sauce soja, un soupçon de gingembre ou d'huile de sésame viennent même, ici et là, rappeler qu'il a voyagé, autrefois, au Japon. « Dans les assiettes, j'aime épurer. Sur les tables, j'ai tout viré, même les salières et les poivrières. »

Beaucoup de plats, sur sa carte, précisent le nom des producteurs amis et voisins. Les fraises des bois sur le sablé tout croquant sont de Mme Loubière, le pigeonneau est de M. Hazera, producteur à Camarsac. Et le caviar vient, bien sûr, de Gironde. « Parce que l'esturgeon pêché dans la région est une vieille histoire, pas une invention, et que les producteurs ont fait, en dix ans, d'énormes progrès. »

L'homme est ouvert, tout prêt à s'enraciner. Sa première démarche, en arrivant à Bouliac, fut d'entrer en contact avec la chambre de commerce afin de recenser les petits producteurs qui l'entourent.

Même la cave du *Saint James*, du coup, est en pleine évolution. Toujours aussi fournie en grands crus et premiers crus, comme l'exige la région, mais disposée, aussi, à accueillir des vins venus d'ailleurs, du Languedoc, de Provence, de Bourgogne, et même d'Espagne. « Je travaille volontiers avec les sommeliers. Et il m'arrive de choisir un vin parce que je sais qu'il accompagnera tel ou tel de mes plats. Là comme ailleurs, je n'ai pas d'*a priori*. J'essaie simplement de jeter un regard neuf sur les produits et la gastronomie locale. » ■

Ci-dessus, de haut en bas :
Le caviar d'Aquitaine, une tradition revisitée.
Cabanes de pêche sur la Garonne.
Doudou, le sommelier, a du goût...

Page de gauche :
Marseillais d'origine, Michel Portos intègre le meilleur du Bordelais.

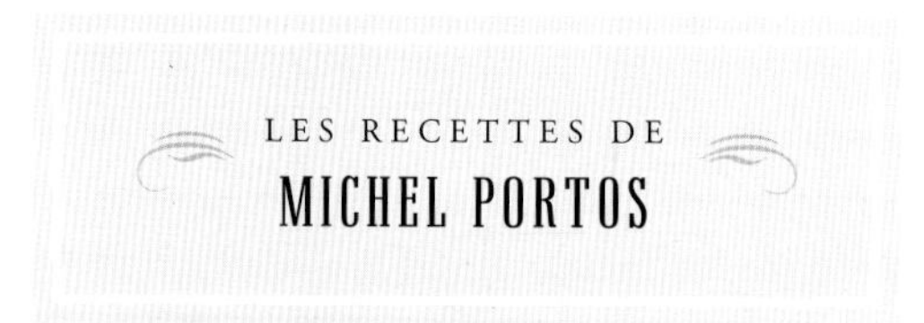

POUR 4 PERSONNES
- 4 pigeonneaux
- 4 crevettes bouquet crues
- 12 segments de citron pelés à vif
- Fines herbes fraîches
- 240 g nouilles japonaises fines
- 1/4 de litre de bouillon de volaille
- 8 g de wasabi
- 80 g de sauce soja
- 3 cuillères à soupe d'huile de cacahuète grillée

PRÉPARATION
35 minutes

TEMPS DE CUISSON
35 minutes

Pigeonneau à la japonaise

RÉALISATION

• Rôtir les pigeonneaux au four à 190 °C pendant 20 minutes.

• Cuire les nouilles dans le bouillon de poule.

• Disposer les nouilles au fond d'une assiette creuse, parsemer avec les crevettes et les segments de citron coupés en morceaux.

• Mélanger le wasabi avec la sauce soja et l'huile de cacahuète.

• Verser cette sauce ainsi que du bouillon de volaille sur les nouilles.

• Désosser le pigeonneau et disposer les filets et les cuisses sur le lit de nouilles.

• Finir de dresser avec le mélange d'herbes fraîches.

POUR 4 PERSONNES
- 20 huîtres numéro 2 « spéciale »
- 1 grenade
- 1 concombre
- 1 gousse d'ail
- 1 bouquet de persil plat
- 3 cuillères à soupe de sauce soja
- 2 cuillères à soupe de jus de citron
- 125 g de beurre

PRÉPARATION
25 minutes

TEMPS DE CUISSON
8 minutes

Huîtres "Gillardeau" au beurre d'aromates

PRÉPARATION

Ouvrir les huîtres, les égoutter sur un torchon et conserver les coquilles.

RÉALISATION

• Tailler le concombre en fine julienne. Trancher la grenade en deux par le centre et l'évider de ses graines. Laver et effeuiller le persil plat et le hacher grossièrement.

• Mélanger la sauce soja, le jus de citron et la gousse d'ail haché préalablement.

• Disposer au fond de chaque coquille d'huître la julienne de concombre et déposer l'huître par-dessus.

• Chauffer le beurre dans une casserole jusqu'à ce qu'il prenne une couleur noisette. Y incorporer le mélange soja, citron, ail ainsi que les graines de grenade et le persil haché.

• Napper chaque huître d'une bonne cuillère du beurre d'aromates ainsi obtenu.

Pages suivantes, de gauche à droite :
Huître et grenades, mélange de saveurs, recette ci-dessus.
Toute la douceur du bassin d'Arcachon.

LES RECETTES DE

MICHEL PORTOS

POUR 8 PERSONNES

Pour la crème pâtissière à la lavande
- 250 g de lait
- 15 g de lavande séchée
- 3 jaunes d'œuf
- 40 g de sucre
- 20 g de farine
- 30 g de beurre
- 1 gousse de vanille fendue en deux

Pour la crème légère
- 1 feuille de gélatine
- 400 g de crème pâtissière
- 100 g de crème fouettée

Pour le spoom réglisse
- 1 litre d'eau
- 200 g de sucre
- 1 cuillère à soupe de cachou « Lajaunie »
- 2 feuilles de gélatine

Pour la chips de figues
- 5 figues fermes
- 100 g de sucre en poudre

Entre modernité et tradition, tout l'art de l'élégance.

Pour les figues rôties
- 8 figues mûres
- 1/2 cuillère à café de vinaigre balsamique
- 50 g de sucre
- 25 g de beurre

Pour le tartare de figues
- 8 figues
- 1 jus de citron

PRÉPARATION
1 heure 30

TEMPS DE CUISSON
45 minutes

Trois façons d'aimer la figue

RÉALISATION

• *Préparation de la crème pâtissière à la lavande* : Mélanger énergiquement les jaunes d'œuf et le sucre. Ajouter la farine, fouetter 2 minutes. Incorporer le lait bouilli avec les gousses de vanille et la lavande. Faire cuire l'ensemble à feu doux pendant 3 minutes. Mettre la gélatine à ramollir 10 minutes dans un bol d'eau froide. L'égoutter. Retirer la crème du feu, incorporer le beurre, la gélatine et réserver.

• *Préparation de la crème légère* : Additionner la crème pâtissière à la crème fouettée.

• *Préparation du « spoom » réglisse* : Réaliser un sirop avec le sucre et l'eau et y ajouter la réglisse Lajaunie. Additionner la gélatine ramollie. Remplir une bombe à chantilly avec cette préparation, placer les capsules de gaz et garder au frais.

• *Préparation de la chips de figues* : Sur une plaque à pâtisserie beurrée et sucrée déposer de fines tranches de figues, saupoudrer de sucre et placer dans un four à 100 °C, jusqu'à obtention de tranches de figues sèches.

• *Préparation des figues rôties* : Fendre en 4 chaque figue jusqu'à mi-hauteur, glisser une noix de beurre et rouler les figues dans du sucre semoule, cuire à 180 °C avec une pointe de vinaigre balsamique sur le dessus. Cuisson 5 minutes.

• *Préparation du tartare de figues* : Tailler les figues en dés d'environ 5 mm et les mélanger avec un peu de jus de citron 15 minutes avant de déguster.

Disposer la figue rôtie sur assiette ainsi qu'une quenelle de tartare de figue.

Placer le « spoom » par-dessus.

Finir le montage des tranches séchées avec la crème pâtissière à la lavande.

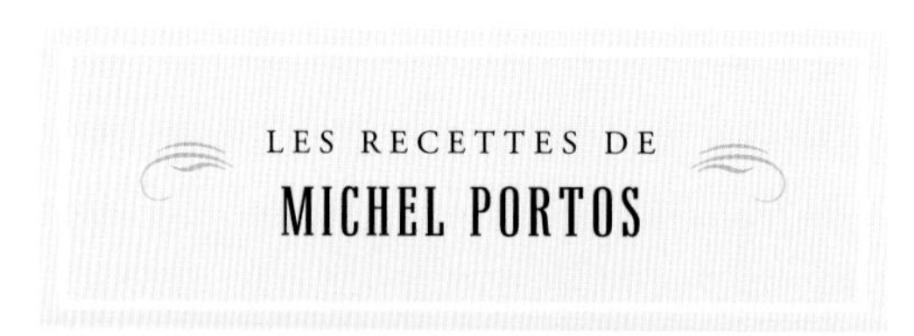

POUR 8 PERSONNES

Pour la crème pâtissière

- 0,25 litre de lait
- 1 gousse de vanille
- 2 jaunes d'œufs
- 55 g de sucre
- 20 g de farine

Pour le soufflé

- 4 blancs d'œufs frais
- 30 g de beurre
- 80 g de sucre en poudre
- 200 g de crème pâtissière
- 40 g de jus de citron
- 20 gouttes d'huile essentielle de mandarine

PRÉPARATION

40 minutes

TEMPS DE CUISSON

25 minutes

Soufflé à la mandarine

RÉALISATION

• *Préparation de la crème pâtissière* : Mélanger énergiquement les jaunes d'œufs et le sucre. Ajouter la farine, fouetter 2 minutes. Incorporer le lait bouilli avec la gousse de vanille et faire cuire l'ensemble à feu doux pendant 3 minutes.

Retirer du feu, incorporer le beurre et réserver.

• *Préparation du soufflé* : Monter les blancs avec le sucre jusqu'à ce que les blancs soient fermes. Ajouter la crème pâtissière chaude, le jus de citron et les gouttes d'huile essentielle de mandarine.

Mélanger rapidement et finir l'ensemble délicatement pour ne pas faire tomber les blancs avec une spatule.

Remplir les moules individuels (vous pouvez également utiliser des tasses) préalablement beurrés et sucrés.

Cuire à 180 °C pendant 20 minutes.

POUR 4 PERSONNES

Pour les macarons

- 50 g poudre d'amande
- 100 g sucre glace
- 10 g de blanc d'œuf frais
- 150 g de blancs d'œufs anciens (des blancs pas forcément extra-frais)

Pour la crème de pistache

- 20 g pâte d'amande crue
- 3 g pâte de pistache
- 8 g beurre
- 1 cuillère à café de kirsch
- 2 g crème liquide

PRÉPARATION

1 heure

TEMPS DE CUISSON

20 minutes

Macarons à la pistache

PRÉPARATION

• *Préparation des macarons* : Monter l'ensemble des blancs bien ferme, incorporer le mélange poudre d'amande et sucre glace délicatement avec une spatule.

À l'aide d'une poche à douille (n° 8) étaler la préparation sur une plaque couverte de papier sulfurisé et laisser reposer 30 minutes. Cuire au four à 180 °C pendant 10 minutes.

• *Préparation de la crème de pistache* : Mélanger les pâtes d'amande et de pistache énergiquement. Ajouter le beurre fondu, la crème et le kirsch.

RÉALISATION

Coller les macarons deux par deux à l'aide de la crème de pistache.

OLIVIER ROELLINGER

LES MAISONS DE BRICOURT

CANCALE

L'HOMME

Il partait pour être chimiste, il s'est retrouvé alchimiste. Math sup, Math spé, les concours d'ingénieurs, tout comme un bon fils de médecin de province. Et, finalement, un CAP de cuisinier passé dare-dare, un stage chez des valeurs sûres de la profession, et retour cinq semaines plus tard au pays natal. C'est de là qu'il embarque pour l'île aux Trésors, l'île de tous les parfums.

Au début, il voulait juste une maison d'hôte. Il s'est retrouvé, en quelques années, parmi les chefs inspirés de sa génération. Lutte, comme il peut, contre le néo-ghetto de luxe : ses cuisines et sa salle de restaurant sont dans la demeure de son enfance, une Malouinière toute en granit. Sa mère continue de vivre à l'étage. Certains de ses clients dorment après dîner dans une petite maison au bord de la falaise, dont son épouse était amoureuse. Les autres vont au château de Bricourt, ancienne villégiature de Léon Blum, un manoir qu'il pensait forcément hanté lorsqu'il était gamin. Son monde est éclaté mais structuré. Il a la cohérence de son imaginaire.

Pour expliquer sa conversion, Olivier Roellinger a l'habitude de raconter l'agression dont il fut victime adolescent, alors qu'il croyait en la Raison. Un baston sauvage, gratuit, au pied des remparts de Saint-Malo, une semaine de coma et plus d'un an de chaise roulante. Après, c'est sûr, on ne voit plus la vie de la même manière. Il raconte aussi le brusque départ de son père lorsqu'il n'avait que douze ans. « Peut-être que j'ai décidé, à ce moment-là, de faire de ma vie le prolongement de ma petite enfance. » Il va recevoir donc, comme ses parents recevaient au temps du couple uni.

Pour créer, Olivier Roellinger s'est laissé envahir par le paysage. Parmi ses sources, il cite le granit qui affleure, les pierres levées aux détours des chemins, la culture du cidre et de la pomme qui font l'unité du monde celte. Il ajoute la baie du

Mont-Saint-Michel, toujours en point de mire. « C'est le pouls de l'univers, ce sable qui a rendez-vous avec la lune. Deux cent cinquante millions de mètres cubes d'eau qui déboulent deux fois par jour. Et quand l'eau s'en va, vous marchez au fond de la mer. »

Et Saint-Malo, de l'autre côté de la baie. Autrement dit Québec, le Cap Horn, les Indes ou San Francisco. Le port qui ouvre vers d'autres rivages, d'autres soleils. Dans sa propre maison, Olivier Roellinger a retrouvé quelques assiettes en porcelaine de la Compagnie des Indes. Il les a fait refaire. Il n'y a pas mieux pour présenter ses entrées qu'il baptise joliment, sur la carte, « Aventures marines ». Pour lui, les grandes marées ramènent des souvenirs de courses au bout du monde. Elles lui parlent des quais de Valparaiso. Elles sentent la cannelle et vibrent sous le gingembre. Comme sa maison ■

LE PAYSAGE

L'huître, comme un grand crû. Deux fois par jour, à marée basse, le quadrillage des parcs affleure au pied des falaises de Cancale. Ils sont une quarantaine de producteurs à les exploiter, il les connaît tous, mais se sert toujours au même. « Devant vous, vous avez du puligny-montrachet. Globalement, c'est un vin merveilleux, mais on peut affiner son choix mètre après mètre. Les huîtres c'est pareil. Selon que la mer se retire plus ou moins vite, qu'il y a plus ou moins d'apports en eau douce, le goût change. Et le travail des hommes accentue encore les différences. »

Page de droite :
Le homard breton, d'un bleu caractéristique.

Ci-dessous :
Les bons en cuisine.

Sur l'huître, Olivier Roellinger est intarissable. Il la sert telle quelle ou à peine tiède, « comme la main d'un bébé ». Il aime ce caillou brut, préhistorique, qui a ses entrées sur les tables les plus raffinées. Parce que c'est chez nous l'un des seuls aliments qui se mange vivant. Parce que l'huître est un concentré d'énergie, toute la force de la mer en une bouchée.

Or, Olivier Roellinger dévore la mer. Toute la puissance de sa cuisine vient de là. Des bouchots grandis à Viviers, dans la baie. Des soles, crevettes et encornets qui viennent en saison frayer. Des bars du grand large. Des homards pêchés par un copain, dont il connaissait déjà le grand-père. Mais aussi des salicornes, des blettes de mer, de quelques algues prudemment dosées, des légumes de la mer et des falaises.

Olivier Roellinger dit n'avoir qu'une famille. Celle des cuisiniers, fussent-ils australiens ou indiens, qui œuvrent tournés vers l'horizon, avec un potager dans leur dos. Un beau potager que

le sien, où poussent artichauts, oignons, fraises, choux-fleurs, charlottes et carottes de sable. Olivier Roellinger connaît les champs qui l'entourent. Il a vu les anciens verser des tombereaux de varech sur les labours pour les fumer. Il sait que même la terre, ici, doit beaucoup à la mer.

Breton, donc, mais ouvert à tous les vents du globe, il affirme que la cuisine française n'a jamais été aussi forte qu'au XVIIe siècle, quand elle a dû intégrer la pomme de terre, le maïs et le haricot venus d'Amérique. Qu'on ne parlerait pas des fraises de Plougastel si les plants n'étaient pas arrivés, un jour, du Chili. Conclusion : « La cuisine est tout, sauf un écomusée. » ■

LE STYLE

Verticale. Olivier Roellinger dit qu'il fait une cuisine verticale, terme relativement peu attendu en la matière. C'est son côté marin. La verticale, en mer, c'est un mât ou un phare contre l'horizon. Quand Roellinger crée, l'assiette est son horizon. Il dresse donc (mot à prendre dans tous les sens) ses Saint-Jacques debout, à côté d'un cœur d'artichaut et d'un quartier de pommes, sur des faïences blanches, il aligne les épices et les sauces en traits fins, il empile des strates de saveurs et de textures. La verticale, c'est sa vie, c'est la vie.

La fourchette, bien sûr, défait cette construction. Elle mêle les goûts et force l'expérience. Çà et là, le maître d'hôtel souffle quelques secrets, un ordre à respecter pour que le palais s'épanouisse. Une pointe de guimauve à la réglisse rejoint au final, et au final seulement, le homard « Retour des Indes ». Les filets de bar sont acidulés au vinaigre, les crevettes crues et décortiquées sont marinées dans un whisky grand malt. On pressent du pavot, du sésame, des confits de pamplemousse ou un zeste d'angélique ici et là. Mais pas le temps de s'attarder sur ces anecdotes de voyage. Le chef est déjà ailleurs.

On n'a jamais mangé de telles choses. Est-ce le début ou la fin, l'entrée ou le plat

Pages précédentes, de gauche à droite : *Le Mont-Saint-Michel vu de la baie.*

Ci-contre : *Discussion face à la mer, dos aux « Rimains », premier hôtel d'Olivier Roellinger.*

Page de gauche : *Le beurre, forcément un demi-sel.*

principal ? En tout cas, on reconnaît tout. La cuisine de Roellinger musarde d'un océan à l'autre, surimpose les continents, mais elle n'est jamais exotique. Elle respecte avec douceur nos repères et nos souvenirs. Familière quoique personnelle, et de là vient toute sa force.

Il se tient en cuisine. Présent à chaque service, et pas seulement pour vérifier les plats qui partent en salle. Tablier bleu noué autour de la taille, il trépigne devant son piano en attendant les commandes, ne lâche pas ses casseroles, goûte et regoûte. Tout autour, sa brigade virevolte dans un silence concentré. Pas un geste précipité. Pas un cri plus haut que l'autre. Il ne supporte pas les gueulards.

L'un de ses assistants, un Japonais, huile des galets noirs avec un pinceau et les dispose par trois dans une assiette. Tels sont les mystères de sa cuisine. Un autre s'applique à mesurer, comme s'il avait l'éternité devant lui, les pièces infimes d'un feuilletage à l'aide d'un double-décimètre d'écolier. Il est seul à tout comprendre, c'est le lot du créateur. Un créateur qui n'écrit pas ses recettes, s'intéresse peu à la technique et préfère écouter les poissons chanter dans le four. Un sensuel ■

Ci-contre, de gauche à droite :
Le restaurant est dans l'ancienne demeure familiale. Quelques bigorneaux pour l'apéritif.

Page de droite :
André Hélan, le lieutenant des débuts. Il a passé son CAP avec Olivier Roellinger. C'est lui qui cuit les homards.

Andre Can

LES RECETTES DE
OLIVIER ROELLINGER

POUR 4 PERSONNES
- **2 homards bretons de 700 g**
- **1 dl de xérès Amontillado**
- **1/2 gousse de vanille**
- **150 g de beurre salé**
- **10 graines de rocou**
- **1 cuillère à soupe de graines de coriandre**
- **1 citron jaune non traité**
- **4 dl de bouillon de volaille**

PRÉPARATION
40 minutes

TEMPS DE CUISSON
20 minutes

La baie de Cancale

Homard de "petit pagaille" au vin de Xérès et zeste de citron

RÉALISATION
- Ébouillanter les homards 2 minutes.
- Séparer la tête du corps, ainsi que les pinces.
- Ouvrir les têtes avec de gros ciseaux (enlever la poche de sable) et les concasser.
- Les faire revenir au beurre salé, ajouter le vin de Xérès et réduire de moitié.
- Ajouter la vanille, les graines de rocou, 1 jus de citron et les graines de coriandre. Couvrir à hauteur avec le bouillon de volaille.
- Faire réduire d'un tiers et passer au chinois en agitant très fort.

AU DERNIER MOMENT
- Décortiquer les corps et les pinces et récupérer le jus qui coule des carapaces.
- Faire revenir au beurre très rapidement (sans coloration) les morceaux de homard dans une grande poêle. (La chair du homard lorsqu'elle est cuite au beurre doit toujours être translucide.) Retirer du feu et déglacer avec le jus des homards.
- Dresser les queues et les pinces sur des assiettes chaudes, napper avec le jus de cuisson filtré et sirupeux.

LES RECETTES DE

OLIVIER ROELLINGER

POUR 12 PERSONNES
- 1 kg de noix de Saint-Jacques (sans corail)
- 500 g de mâche
- 1/4 de botte de ciboulette
- 125 g de yaourt de lait de vache
- 70 g de sel de mer
- 1 cuillère à café de fleur de sel

Mélange Cochin
- 1 noix de muscade
- 2 cuillères à soupe de coriandre en poudre
- 2 cuillères à soupe de cumin en poudre
- 1 cuillère à café de poivre noir
- 2 cuillères à soupe d'anis vert

Marinade
- 2 dl d'eau
- 80 g de sucre
- 2 dl de jus de citron
- 4 dl vinaigre blanc

Vinaigrette
- 1 dl de jus de fruit de la passion
- 2 dl de jus ananas
- Sel et poivre
- Piment de Cayenne
- Safran
- 1/2 litre d'huile d'arachide
- 1 dl d'huile d'amande

PRÉPARATION

1 heure

TEMPS DE CUISSON
- Cuisson au sel 3 heures
- Vinaigrette 2 heures

Chambres d'hôte revues par Roellinger

Coquilles Saint-Jacques et épices de Cochin

RÉALISATION

• Dans un yaourt de lait de vache de 125 g, mettre 2 cuillères à soupe de mélange Cochin, laisser infuser 8 heures et passer le yaourt au chinois fin.

• Mettre les Saint-Jacques 3 heures dans 70 g de sel de mer. Puis les rincer et les faire dégorger pendant 1 heure dans l'eau froide. Les plonger ensuite 10 minutes dans la marinade et les mettre 2 heures au frais dans la vinaigrette.

• Découper les noix de Saint-Jacques en rondelles régulières de 3 mm d'épaisseur. Les disposer en ligne sur des grandes assiettes en intercalant des traits de yaourt aux épices.

• Décorer avec de la mâche, de la ciboulette ciselée et assaisonner de fleur de sel.

Le Kouign amann

POUR 6/8 PERSONNES

Ingrédients
pour le premier mélange
- 500 g de farine
- 5 g de sel
- 20 g de beurre fondu
- 20 g de sucre
- 15 g de levure boulangère
- 100 g de lait
- 200 g d'eau

Ingrédients
pour le deuxième mélange
- 450 g de beurre demi-sel (en pommade c'est-à-dire mou)
- 250 g de sucre + 75 g pour étaler la pâte
- 150 g de farine

PRÉPARATION
1 heure

TEMPS DE CUISSON
45 minutes

RÉALISATION

• Mélanger du bout des doigts tous les ingrédients (en terminant par les liquides) du premier mélange dans un grand saladier. Pétrir fermement cette pâte 5 minutes sans s'arrêter puis la laisser reposer et lever dans le saladier recouvert d'un linge humide 45 minutes à température ambiante.
• Pendant ce temps mélanger délicatement dans un autre saladier le beurre en pommade, le sucre en poudre et la farine. Former un carré de beurre de 15 cm de diamètre et d'une épaisseur régulière.
• Étaler la première pâte également en grand carré (le double de celui du beurre). Poser le petit carré sur le grand puis le recouvrir avec les morceaux qui dépassent de celui du dessous.
• Avec un rouleau à pâtisserie, étaler énergiquement les 2 pâtes devenues un « unique pâton » en une grande bande d'environ 80 cm de haut et 15 à 20 de large. Replier la bande en portefeuille en partant du haut puis faire basculer le pliage d'un quart de tour devant vous (il faut que les ouvertures qui se retrouvent devant vous basculent du côté droit). Faire reposer la pâte en la gardant telle quelle 20 minutes au réfrigérateur.
• Recommencer l'opération 3 fois de suite. On dit que l'on a « marqué » 3 tours.
• Préchauffer votre four à 170 °C.
• Saupoudrer le plan de travail avec les 75 g de sucre en poudre puis étaler la pâte sur le sucre en un grand carré d'1/2 cm d'épaisseur. Découper un grand rond de pâte incrustée de sucre puis le ranger dans un grand plat à manqué ou à tarte en métal avec des rebords.
• Enfourner le Kouign amann, 45 minutes à 170 °C. Lorsqu'il est cuit et bien doré le retourner dans son plat et le laisser refroidir à température ambiante.
• Déguster tiède, c'est meilleur.

Pages suivantes, de gauche à droite :
Tous les chemins mènent à la mer.
L'huile d'olive au citron.

LA MER

citron

POUR 4 PERSONNES
- 200 g de pâte feuilletée
- 1 ananas
- 2 bananes
- 5 citrons verts
- 1 mangue
- 4 fruits de la Passion
- 10 g de noix de coco râpée
- 1 boîte de lait de coco (400 g)
- 1 litre de cidre
- 300 g de sucre de cassonade
- 1 bâton de cannelle
- 1 gousse de vanille
- 1 clou de girofle
- 1 noix de muscade
- 20 g de gingembre frais
- 30 cl de rhum de Marie Galante
- 2 feuilles de gélatine
- 600 g de sucre
- 4 brins de mélisse
- Prévoir une poche à douille

PRÉPARATION
1 heure

TEMPS DE CUISSON
environ 45 minutes

Le voyage, encore et toujours.

Invitation au voyage, mille-feuille à la mangue, grog de cidre breton et rhum de Marie-Galante

RÉALISATION

• Découper l'ananas en huit, afin de retirer la partie dure de l'intérieur. Réserver une partie et couper les sept autres en petites lamelles.

• Mettre dans une casserole 1 litre d'eau avec 250 g de sucre et la moitié du bâton de cannelle. Lorsque le sirop est en ébullition, y plonger les morceaux d'ananas. Laisser cuire durant 20 minutes, puis passer au mixer. Ajouter les feuilles de gélatine préalablement trempées dans l'eau froide et laisser refroidir.

• Dans une grande casserole, mettre 1,5 litre d'eau, 1 litre de cidre et 30 cl de rhum Marie Galante, 300 g de cassonade, 100 g de sucre, 1 bâton de cannelle, une gousse de vanille fendue sur la longueur et égrenée, 1 clou de girofle, 1 noix de muscade écrasée, 20 g de gingembre coupé en lamelles et les zestes de 2 citrons verts. Faire bouillir, puis laisser infuser 2 heures hors du feu avant de passer dans une passoire fine.

• *Le caramel à la noix de coco* : chauffer 250 g de sucre dans une casserole en remuant avec une spatule en bois. Lorsque l'on obtient un caramel blond, verser les 400 g de lait de coco et un jus de citron vert. Laisser bouillir afin que le caramel soit complètement fondu. Réserver.

• *Le mille-feuille* : étaler le feuilletage en forme de rectangle de 20 cm sur 30 cm et 2 mm d'épaisseur. Faire cuire dans un four moyen à 180 °C, durant 15 minutes environ. Le feuilletage doit avoir une belle couleur brune. Laisser refroidir puis, à l'aide d'une règle et d'un cutter, couper des rectangles de 6 cm sur 1,5 cm.

• *La garniture* : tailler la mangue et le morceau d'ananas en petits cubes de 2 mm sur 2 mm. Ajouter les graines et la pulpe des fruits de la passion.

DERNIÈRE MINUTE

• *Les bananes poêlées* : couper les bananes en lamelles, puis les poêler et les déglacer au caramel à la noix de coco.

• Passer la noix de coco au four afin d'obtenir une belle couleur blonde.

• Pour servir, monter sur l'assiette le mille-feuille à plat, en intercalant entre les plaques de feuilletage, à l'aide d'une poche à douille, la mousse à l'ananas. Disposer les bananes tièdes en les superposant sur le côté, puis parsemer la noix de coco râpée et grillée. Ajouter un brin de mélisse pour la décoration.

• Chauffer le grog, ajouter au dernier moment le jus de 2 citrons verts et le rhum. Verser le grog dans des tasses à café avec 2 cuillères à soupe de fruits en petits cubes.

MATHIEU VIANNAY

MATHIEU VIANNAY

LYON

L'HOMME

L'usage est d'ouvrir son bistrot après confirmation de la gloire. C'est ainsi que, place des Brotteaux, la brasserie de Blanc fait face à celle que Bocuse a installée dans l'ancienne gare. Mathieu Viannay, lui, a procédé à l'envers. Sans avoir patienté au préalable chez quelque grand, encore inconnu du sérail, il a commencé par s'acheter un vieux bar dans une avenue bourgeoise de Lyon pour créer un tout petit bistrot. Il l'a baptisé *Les Oliviers* et s'y est montré bon apôtre d'une cuisine provençale de qualité. Tout de suite, c'était plein et, en trois ans, le chef s'est fait un prénom.

En 2001, il s'est senti assez fort pour hausser d'un cran ses exigences. Juste à côté des *Oliviers*, il a donc ouvert un autre restaurant qui, cette fois, ne s'accroche à aucun stéréotype régional. Il l'a appelé *Mathieu Viannay*, ce qui engage directement l'intéressé et laisse présager une cuisine plus personnelle. Elle l'est en effet.

Ce jeune homme, né à Versailles, grandi à Paris et arrivé à Lyon pour superviser la restauration de la gare de la Part-Dieu, avance ainsi pas à pas. À trente-cinq ans, il entre dans la cour des grands avec la bénédiction de Bocuse, venu dîner chez lui trois jours après l'ouverture. Auparavant, Mathieu lui avait emprunté son designer, Vavro, l'homme qui dessine les brasseries de Monsieur Paul. C'est donc Vavro qui a imaginé le grand escalier pour accéder à la mezzanine, l'alliance des pierres blanches et des lustres de couleur, tout ce rococo dépouillé qui signe une certaine modernité et donne un ton. « Certains Lyonnais, qui n'ont pas l'habitude de ce genre de lieu, ont l'impression de s'encanailler dans mon restaurant. C'est un peu comme s'ils allaient dîner dans une boîte de nuit. »

Mathieu Viannay a fait le tour des restaurants de Lyon. Il a compris, ainsi, ce dont il ne voulait pas pour lui-même. Non aux décors cérémonieux qui ne ravivent que

Ci-contre, de gauche à droite :
Le casse-croûte du chef.
La cathédrale Saint-Jean.
La visite de Georges, ami sommelier et antiquaire en vin.

Page de droite :
La soupe aux fruits rouges, recette page 250.

Pages suivantes :
Préparation de foies gras poêlés aux citrons confits.

le souvenir des banquets imposés dans l'enfance ; non aux maisons demi-bourgeoises qui ne vont plus avec nos rythmes de vie. Non, surtout, à la prétention des fils à papa qui pensent s'imposer du jour au lendemain sans accepter aucune concession. « Moi, j'ai toujours pratiqué des prix assez bas car je ne supporte pas l'idée d'un restaurant vide. Le principal, c'est d'avoir du monde. Ensuite, on peut montrer sa personnalité. »

Le temps joue pour lui : midi et soir la salle est pleine. Pour l'instant, ceux qui viennent chez Mathieu ne le connaissent pas assez pour dépenser sans compter. Ils attendent de lui, surtout, un excellent rapport qualité-prix. Mais il leur apporte, à chaque assiette, ce supplément d'âme qui fait, à la longue, les artistes pour lesquels on se damnerait ■

LE PAYSAGE

Sur sa carte des vins, Mathieu Viannay a rassemblé une soixantaine de côtes-du-rhône. Pas plus de deux ou trois beaujolais en revanche, qui ne sont là que pour la forme et les inconditionnels. C'est un signe, quand on travaille à Lyon.

Dans cette ville-carrefour qui oscille entre Nord et Sud, le chef opte donc pour le fleuve qui déboule en Méditerranée. Non qu'il fasse une cuisine provençale, il ne se sent attaché à aucun terroir particulier et n'entend pas que les Aixois, plus que les Lyonnais, lui dictent ce qu'il doit faire. Mais, question de sensibilité, Mathieu Viannay utilise plus volontiers l'huile d'olive que la crème et il cuisine plus souvent des poissons du Sud que des poulets de Bresse. « Et si j'ai envie d'utiliser de la sauce soja pour sortir un goût particulier, je le fais. Les produits asiatiques entrent aussi dans ma cuisine, parce qu'ils m'intéressent vraiment, pas seulement parce qu'ils font modernes. » Il appartient à la génération des chefs sans frontière.

À Lyon, Mathieu Viannay fait son marché sans maniaquerie particulière ni producteurs fétiches. Il se contente de repérer les bons fournisseurs. Ni son père,

ingénieur en mécanique des fluides, ni sa mère, sophrologue, n'étaient des professionnels de la cuisine. Ils lui ont cependant transmis l'essentiel, le goût des bons fromages, des légumes du jardin, des poissons qui vont tout frais dans la poêle. « La qualité des ingrédients est essentielle, conclut Mathieu Viannay, mais une fois que cette qualité est acquise, je ne suis pas un fondu du produit, dit-il. Ce qui pour moi fait vraiment la différence, c'est le travail du cuisinier. » ■

LE STYLE

Si l'on réfléchit bien, Mathieu Viannay n'aligne sur sa carte que des plats relativement simples. Un menu de dégustation chez lui peut se résumer à une soupe de potiron, des sardines sur un rectangle de feuilleté, un carré de veau braisé avec de la purée et des madeleines en dessert. Basique, sauf que tout est, en même temps, équilibré dans le moindre détail. Il y a, sur l'assiette de potiron, une louche de chantilly montée au lard et juste ce qu'il faut de copeaux de truffe pour qu'on s'émerveille. Les sardines, parfaitement crues, sont posées sur un lit de tomates fraîches où ne pointe pas la moindre acidité. La purée est moelleuse et les madeleines, rehaussées par quelques larmes d'un miel à la truffe venu d'Italie, sont méconnaissables. La simplicité, à ce niveau, relève d'un art subtil.

Ci-dessus :
Les berges du Rhône à Lyon.

Page de droite :
La salle aménagée par Vavro, designer et ami de Bocuse.

Quand il était à l'école supérieure d'hôtellerie, Mathieu Viannay était déjà connu pour cette apparente facilité. Aux examens, il avait terminé sa copie avant tout le monde. Ses copains pensaient qu'il ne s'était pas foulé, qu'il était même gonflé de s'en tenir là, mais lui n'était pas inquiet. Toujours reçu brillamment. Quelque chose comme l'aisance, le coup de crayon brillant, le don.

Aujourd'hui encore, il a du mal à analyser son style tant ce qui sort de ses cuisines colle à son naturel. Sobre et sans fioriture. Il avance cependant une base, qui lui va comme un gant et qu'il résume ainsi : « Afin de ne pas partir n'importe où, j'évite de conjuguer plus de trois éléments dans une assiette. Je m'en tiens, pour préparer viande ou poisson, à un jus et une garniture. » Application sur sa carte : saucisson à cuire avec lard grillé, purée de pois cassés, jus à la truffe et basta. Le tout parfaitement calibré. Pour convaincre, Mathieu n'a pas besoin d'en rajouter. Son talent passe par le quotidien ■

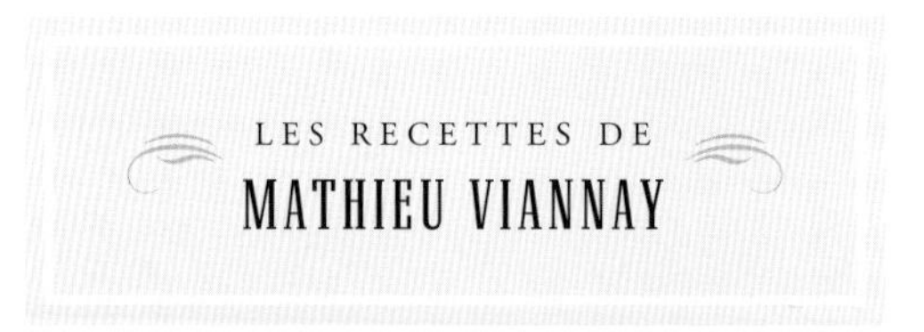

LES RECETTES DE

MATHIEU VIANNAY

POUR 4 PERSONNES
- 24 filets de sardines
- 400 g de pâte feuilletée (vous pouvez la commander chez votre pâtissier)
- 6 tomates bien mûres
- 2 échalotes
- 4 feuilles de menthe fraîche
- 2 branches de basilic
- 5 cl d'huile d'olive
- 2 dl de vin blanc
- 1 dl de vinaigre de xérès
- 1 jus de citron
- 1 cuillère à soupe de miel d'acacia
- 50 g de beurre
- 1/2 cuillère à café de sucre en poudre
- 1 bouquet garni
- Fleur de sel
- Sel et poivre

PRÉPARATION
40 minutes

TEMPS DE CUISSON
40 minutes

En cuisine.

Tarte feuilletée à la sardine

RÉALISATION

- Laver, effeuiller le basilic, puis le mixer dans un robot avec l'huile d'olive, saler, poivrer et réserver cette huile parfumée au froid.
- Retirer le pédoncule des tomates, les plonger 1 minute dans une casserole d'eau bouillante, les égoutter et les rafraîchir sous l'eau froide. Les éplucher délicatement avec la pointe d'un couteau puis les découper en deux et retirer les pépins. Concasser la chair de ces tomates.
- Éplucher et hacher les échalotes. Faire fondre le beurre dans une petite casserole, ajouter les échalotes hachées, le bouquet garni et les morceaux de tomates. Assaisonner de sel, de poivre et d'1/2 cuillère à café de sucre en poudre. Laisser mijoter puis laisser «compoter» cette préparation 20 minutes à feu doux en remuant de temps en temps. Rectifier l'assaisonnement puis verser dans un saladier pour laisser refroidir.
- Laver et hacher la menthe fraîche et la mélanger dans le concassé de tomates bien froid.
- Tailler la pâte feuilletée en 4 morceaux identiques, la badigeonner de dorure et la faire cuire 25 minutes à 180 °C. Lorsque la pâte est bien dorée et croustillante, la sortir du four et la laisser refroidir à température ambiante.

PRÉPARATION DE LA MARINADE

- Mélanger dans une casserole le vin blanc, le vinaigre de xérès, le jus de citron et le miel. Saler, poivrer et faire chauffer cette préparation à feu vif.
- Verser la marinade tiède sur les filets de sardines alignés (la peau en haut) dans un plat en porcelaine. Laisser les sardines cuire dans la marinade et refroidir à température ambiante.

DRESSAGE

- Dresser un feuilleté par assiette, poser sur le dessus un peu de concassée de tomates puis aligner 6 filets de sardines. Assaisonner de fleur de sel, d'un peu de marinade et d'huile au basilic.

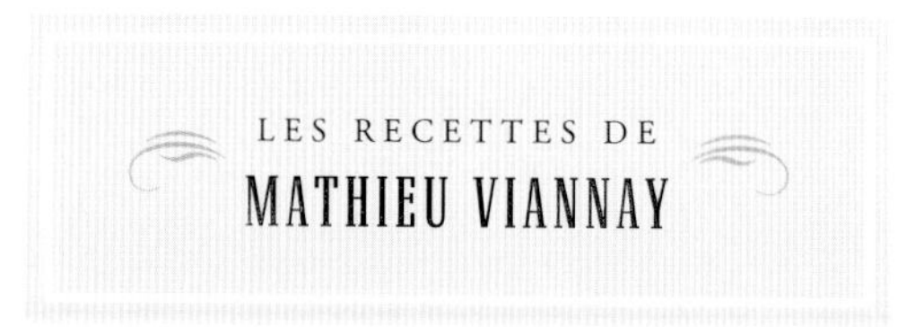

LES RECETTES DE
MATHIEU VIANNAY

POUR 4 PERSONNES
- 16 grosses crevettes
- 350 g de riz « Arborio » spécial risotto
- 1/2 litre de bouillon de volaille
- 6 cl d'huile d'olive
- 3 échalotes grises
- 5 cl de crème épaisse
- 50 g de beurre
- 4 oignons nouveaux
- 4 cuillères à soupe de graines de sésame grillées
- 10 cl de lait de coco
- 2 cuillères à soupe de curry
- 2 piments Rodrigue
- 5 cl de vin blanc
- 4 cuillères à soupe d'huile d'arachide
- Sel et poivre

PRÉPARATION
40 minutes

TEMPS DE CUISSON
30 minutes

Une équipe qui reste à taille humaine.

Risotto et grosses crevettes au curry

RÉALISATION

- Décortiquer les crevettes et les paner avec les grains de sésame.
- Éplucher les oignons nouveaux, découper les queues et émincer les bulbes.
- Faire fondre le beurre dans une petite casserole, ajouter les oignons nouveaux émincés, les têtes et les carapaces des crevettes. Laisser compoter 3 minutes à feu doux en remuant.
- Verser le curry et les piments, remuer de nouveau 3 minutes, mouiller au vin blanc, faire réduire de moitié et verser le lait de coco. Saler et faire cuire la sauce 15 minutes à petit feu en remuant de temps en temps. Lorsque la sauce est bien onctueuse, la passer au chinois et la garder au chaud.
- 25 minutes avant de passer à table, éplucher et ciseler les échalotes grises. Faire chauffer l'huile d'olive dans une grande poêle.
- Ajouter le riz et les échalotes dans l'huile chaude et faire cuire le tout à feu doux pendant 4 minutes en remuant pour faire éclater les grains de riz. Mouiller légèrement avec le bouillon de volaille bien chaud et faire gonfler le riz en remuant. Recommencer plusieurs fois l'opération, jusqu'à ce que le riz soit cuit, moelleux mais encore légèrement ferme.
- Verser la crème fraîche, rectifier l'assaisonnement en sel et poivre, remuer le tout et servir le risotto avec la sauce curry, les tiges d'oignons émincées et les crevettes juste poêlées à l'huile d'arachide.

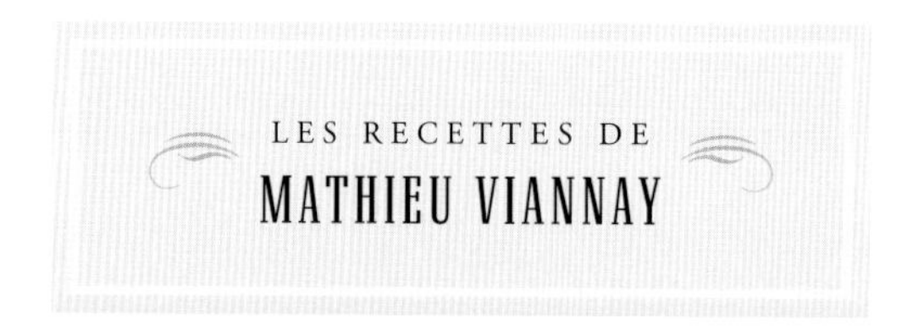

Paleron de veau mijoté au bouillon et truffe fraîche

POUR 4 PERSONNES
- 1,4 kg de paleron de veau
- 1 truffe fraîche
- 30 g de beurre
- 5 cl de crème fraîche
- 4 cuillères à soupe d'huile d'arachide
- 4 carottes
- 1 poireau
- 1 gros oignon piqué d'un clou de girofle
- 800 g de salsifis
- 2 cuillères à soupe de farine
- 1 bouquet garni
- Sel et poivre

PRÉPARATION
45 minutes

TEMPS DE CUISSON
3 heures

RÉALISATION

• Faire chauffer l'huile d'arachide dans une grande cocotte, assaisonner et saisir le morceau de paleron dans l'huile fumante. Colorer tous les côtés puis mouiller avec 1,5 litre d'eau froide. Baisser le feu, ajouter le bouquet garni, l'oignon piqué d'un clou de girofle, les carottes et le poireau épluchés et lavés. Faire cuire le paleron à petit bouillon pendant 3 heures.

• Éplucher et laver les salsifis. Les faire cuire dans une casserole d'eau mélangée avec 2 cuillères à soupe de farine.

• Égoutter les salsifis, les rincer et les mixer dans un robot avec la crème fraîche et les 30 g de beurre. Saler, poivrer et garder la purée de salsifis au chaud.

• Faire réduire le bouillon du paleron aux trois quart. Ajouter 50 g de beurre. Napper la viande au moment de servir.

• Lorsque la viande est cuite (elle peut se découper à la cuillère), la découper en 4 morceaux identiques. Servir le paleron sur la purée de salsifis, râper des lamelles de truffes fraîches sur le dessus et déguster.

Soupe de potiron, crème fouettée au lard fumé et truffe fraîche

POUR 4 PERSONNES
- 1,5 kg de potiron
- 300 g de carottes
- 2 oignons
- 1 cuillère à café de curry
- 1/4 de litre de crème liquide
- 1/2 feuille de gélatine
- 50 g de lard fumé
- 1/2 truffe fraîche
- Sel et poivre

PRÉPARATION
45 minutes

TEMPS DE CUISSON
1 heure

RÉALISATION

• Faire ramollir la 1/2 feuille de gélatine dans un récipient d'eau froide.

• Tailler le lard en 3 morceaux. Le faire revenir sans matière grasse dans une petite casserole, puis, lorsqu'il est cuit et doré, verser la crème liquide dessus et laisser mijoter 3 minutes. Couper le feu, ajouter la gélatine, fouetter et laisser infuser 30 minutes. Filtrer la crème, la verser dans un siphon à chantilly et la garder au réfrigérateur.

• Éplucher les carottes, les oignons et le potiron. Faire fondre le beurre dans une grande casserole, saisir les oignons hachés et le curry dans le beurre mousseux. Faire blondir le tout à feu vif 10 minutes en remuant. Ajouter les carottes et le potiron en morceaux, mouiller avec 2 litres d'eau, saler, poivrer et laisser cuire 1 heure à feu doux en remuant de temps en temps. Lorsque les légumes sont cuits, les mixer dans leur jus de cuisson avec un robot et passer le potage au chinois. Rectifier l'assaisonnement de la crème de potiron et la servir très chaude avec au centre un nuage de crème Chantilly au lard et des morceaux de truffe fraîche.

Ananas poêlé, beurre de vanille

POUR 4 PERSONNES
- 2 ananas victoria
- 1 dl de crème liquide (bien fraîche)
- 2 cuillères à soupe de sucre glace

Pour le beurre de vanille
- 1 dl de jus d'ananas
- 100 g de sucre
- 50 g de beurre
- 2 gousses de vanille

Pour les tuiles aux fruits de la passion
- 250 g de sucre glace
- 250 g d'amandes effilées
- 70 g de beurre en pommade
- 500 g de fruits de la passion

PRÉPARATION
35 minutes

TEMPS DE CUISSON
25 minutes

RÉALISATION

• Mélanger dans un grand saladier le sucre glace avec les amandes effilées, le beurre en pommade et la chair des fruits de la passion.
• Étaler ce mélange avec une petite cuillère sur une plaque à pâtisserie. Faire des gros ronds d'1/2 cm d'épaisseur et de 8 cm de diamètre. Faire cuire les tuiles à 180 °C 5 minutes. Lorsqu'elles sont croustillantes et dorées, les laisser refroidir.
• Tailler les ananas en deux dans la hauteur en gardant les feuilles, retirer la chair à l'intérieur et la découper en morceaux réguliers de 5 cm de diamètre.
• Faire réduire le jus d'ananas avec le sucre. Quand il est sirupeux, ajouter le beurre et l'intérieur des gousses. Faire bouillir 2 minutes et réserver au réfrigérateur.
• Fouetter la crème liquide en chantilly, y ajouter le sucre glace et garder au frais.
• Au moment de servir, faire dorer les morceaux d'ananas dans le beurre de vanille puis les servir encore tièdes dans les coques d'ananas. Dresser la chantilly et les tuiles sur le dessus.

Soupe de fruits rouges au vin rouge

POUR 4 PERSONNES
- 500 g de fraises « Mara des bois »
- 200 g de groseilles
- 400 g de framboises
- 1 botte de menthe fraîche
- 1 litre de vin rouge
- 1 gousse de vanille
- 300 g de sucre en poudre
- 2 étoiles de badiane
- 3 graines de cardamome verte
- 4 grains de poivre
- 1 bâton de cannelle
- 1 citron vert

PRÉPARATION
30 minutes

TEMPS DE CUISSON
1 heure

RÉALISATION (LA VEILLE)

• Mélanger le vin rouge avec le sucre en poudre, les épices, la gousse de vanille fendue en deux. Faire cuire cette préparation 1 heure à feu doux pour obtenir un liquide sirupeux.
• Arrêter le feu, plonger la botte de menthe entière avec les branches dans le sirop chaud.
• Recouvrir d'un papier film et laisser infuser une nuit au réfrigérateur.

10 MINUTES AVANT DE SERVIR

• Équeuter et laver les fraises, nettoyer délicatement les framboises, équeuter les groseilles.
• Mélanger équitablement les fruits dans des assiettes creuses individuelles, les arroser d'un filet de jus de citron vert.
• Verser un peu de sirop au vin glacé dans chaque assiette et mettre au frais.

Index

LES ENTRÉES

LES PLATS

LES DESSERTS

Adresses

GEORGES BILLON
Grand Hôtel Cala Rossa
Cala-Rossa 20137 Lecci
Tél. : 04 95 71 61 51
Fax : 04 95 71 60 11
Ses fournisseurs
Fromages :
Les fromageries de Bala
Antoine Foata
20137 Porto-Vecchio
Huile d'olive :
Anne Amalric
Domaine de Marquiliani
20270 Aghione
Tél. : 04 95 56 64 02
Fruits et légumes de Corse et de Sardaigne :
ETS Angelini
20137 Porto-Vecchio
Tél. : 04 95 70 19 13
Veaux corses :
Boucherie Cucchi
20137 Porto-Vecchio
Tél. : 04 95 70 38 00
Poissons et langoustines du Cap Corse :
Corse Marée
20200 Bastia
Tél. : 04 95 30 30 06
Volailles, fraises et petites salades :
Ferme d'Azetta
20137 Muratello
Tél. : 04 95 70 02 32
Miel de châtaignier :
Michel Gacon
Tél. : 04 95 60 18 13
Poissons, bouillabaisse :
André Fabi
Saint-Dominique
20137 Précoja

PAUL BOCUSE
L'Auberge du Pont de Collonges
40, quai de la Plage
69660 Collonges-au-Mont-d'Or
Tél. : 04 72 42 90 90
Fax : 04 72 27 85 87
www.bocuse.fr
Brasseries Groupe Paul Bocuse
14, place Jules-Ferry
69006 Lyon
Tél. : 04 37 24 25 26
Rôtisserie Le Nord
18, rue Neuve
69002 Lyon
Tél. : 04 72 10 69 69
Fax : 04 72 10 69 68
Restaurant Le Sud
11, place Antonin-Poncet
69002 Lyon
Tél. : 04 72 77 80 00
Fax : 04 72 77 80 01
Restaurant L'Est
Gare des Brotteaux
69006 Lyon
Tél. : 04 37 24 25 26
Fax : 04 37 24 25 25
Brasserie L'Ouest
1, quai du Commerce
69009 Lyon
Tél. : 04 37 64 64 64
Fax : 04 37 64 64 65
Ses fournisseurs
Chocolats :
Bernachon
42, cour Franklin-Roosevelt
69006 Lyon
Tél. : 04 78 24 37 98
Fax : 04 78 52 67 77
Poissons:
Pupier
Halles de Lyon
102, cours Lafayette
69003 Lyon
Tél. : 04 78 62 37 26
Fax : 04 78 60 45 54
Fromages :
Renée Richard
Halles de Lyon
102, cours Lafayette
69003 Lyon
Tél. : 04 78 62 30 78
Fax : 04 78 71 75 09

GÉRARD BOYER
Boyer « les Crayères »
64, boulevard Henry-Vasnier
51100 Reims
Tél. : 03 26 82 80 80
Fax : 03 26 82 65 52
www.gerardboyer.com
Ses fournisseurs
Fromages :
Daniel Boujon
74200 Thonon-les-Bains
Tél. : 04 50 71 07 68
Ail rose de Lautrec :
Jacqueline Barthe
81440 Lautrec
Tél. : 05 63 74 30 68
Échalotes grises :
Jean-Marie Caillot
51320 Coole
Tél. : 03 26 74 32 23
Yaourts au lait de brebis :
François Laluc
51800 Villers-en-Argonne
Tél. : 03 26 60 84 93
Boulettes de Bussy (navets), minipotirons, patissons :
Jean-Luc Galichet
51600 Bussy-le-Château
Tél. : 03 26 67 56 80

ARNAUD DAGUIN
Les Platanes
32, avenue Beau-Soleil
64200 Biarritz
Tél. : 05 59 23 13 68
Ses fournisseurs
Foie gras de canard :
Maisons Lafitte conserveries
455, route Béarn
40500 Montaut
Tél. : 05 58 76 40 40
Au marché de Biarritz, tous les matins et tous les jours :
Fruits et légumes et primeurs :
Véronique Marmazinsky
Volailles et agneaux :
Peyo Telleria
Jambon :
André Hargous
Fromages :
· Mille et un fromages
· Madame Olga
· Aupetit (spécialement pour les fromages de chèvre)
Poissons et plats cuisinés :
Robert Aragûes
Vins du Sud-Ouest et du Languedoc :
Le cellier des Halles
Christian Bedat
8, rue Halles
64200 Biarritz
Tél. : 05 59 24 21 64
Fax : 05 59 22 36 14

MARC HAEBERLIN
Auberge de l'Ill
68970 Illhaeusern
Tél. : 03 89 71 89 00
Fax : 03 89 71 82 83
Ses fournisseurs
Agneaux :
L'Allaiton d'Aveyron
Monsieur Greffeuille
Le Bayle
12390 Rignac
Tél. : 05 65 80 82 24
Fax : 05 65 80 88 00
Poissons :
· Rungiest
55, rue Marché Gare
67200 Strasbourg
Tél. : 03 88 28 47 28
Fax : 03 88 26 32 48
· SDAB
Vallon Saint-Guenolé BP 31
29660 Carantec
Tél. : 02 98 67 00 46
Fax : 02 98 78 30 75
Viandes :
NBA Boucherie Nivernaises
99, rue du Faubourg-Saint-Honoré
Tél. : 01 43 59 11 02
Fax : 01 42 25 12 32
Vins :
· Hugel
3, rue 1re-Armée-Française
68340 Riquewihr
Tél. : 03 89 47 92 15
Fax : 03 89 49 00 10
· Beyer
2, rue 1re-Armée
68420 Eguisheim
Tél. : 03 89 21 62 30
Fax : 03 89 23 93 63
· Trimbach
15, route Bergheim
68150 Ribeauville
Tél. : 03 89 73 60 30
Fax : 03 89 73 89 04

NICOLAS LE BEC
Les Loges
6, rue Bœuf
69005 Lyon
Tél. : 04 72 77 44 40
Fax : 04 72 41 88 17
www.courdesloges.com
Épicerie les Loges
6, rue Bœuf
69005 Lyon
Tél. : 04 72 77 44 40
Fax : 04 72 41 88 17
Ses fournisseurs
Boucher sélectionneur :
Metzger
Olivier Metzger
45, rue du Poitou
Bâtiment D8 PLA 440
94619 Rungis Cedex
Tél. : 01 41 80 10 30
Fax : 01 46 75 97 96
Charcuterie lyonnaise :
Sibilia
Colette Sibilia
Halles de Lyon
102, cours Lafayette
69003 Lyon
Tél. : 04 78 62 36 28
Fax : 04 78 60 86 07
Foie gras :
Masse
Frédéric Masse
Bâtiment 1
34, rue Casimir-Périer
69297 Lyon Cedex
Tél. : 04 78 42 65 29
Fax : 04 72 41 02 06
Poissons de la Méditerranée :
Cervera Marée
Jérôme Cervera
ZI de La Frayère
06150 Cannes La Bocca
Tél. : 04 93 47 02 03
Fax : 04 93 47 83 90
Poissons de l'Atlantique :
Le Corsaire
Mareyeur de Saint-Malo
Bâtiment A
Terre-plein des Servannais
35400 Saint-Malo
Tél. : 02 99 82 82 42
Fax : 02 99 81 45 14
Produits des Landes, Épicerie du Monde :
Corest
Monsieur Dariel
77, rue de Casablanca
40230 Saint-Vincent-de-Tyrosse
Tél. : 05 58 77 24 15

Fax : 05 58 77 24 10
Fromages :
· Boujon
Daniel Boujon
7, rue Saint-Sébastien
74200 Thonon-les-Bains
Tél. : 04 50 71 07 68
Fax : 04 50 81 90 88
· Renée Richard
Halles de Lyon
102, cours Lafayette
69003 Lyon
Tél. : 04 78 62 30 78
Fax : 04 78 71 75 09
Vins de la vallée du Rhône :
Georges Vernay
1, rue Nationale
69420 Condrieu
Tél. : 04 74 56 81 81
Fax : 04 74 56 60 98
Vins du Mâconnais :
Merlin
Olivier Merlin
71960 La Roche-Vineuse
Tél. : 03 85 36 62 09
Fax : 03 85 36 66 45

MARC MENEAU
L'Espérance
89450 Saint-Père-sous-Vézelay
Tél. : 03 86 33 39 10
Fax : 03 86 33 26 15
www.marc-meneau-esperance.com
Ses fournisseurs
Fruits et légumes :
Ets Gourlet
Rond-point de la Croix Verte
89200 Avallon
Tél. : 03 86 34 14 87
Fax : 03 86 34 57 77
Viandes :
Ets Jean Denaux
Rue de l'Industrie
89100 Malay-le-Grand
Tél. : 03 86 97 28 00
Fax : 03 86 97 26 44
Poissons :
Art'Viv
Les pêcheurs artisans
Les viviers-Beg
AR Vilin
22820 Plougrescant
Tél. : 02 96 92 51 30
Volailles :
Miéral
25, route de Châlon
01340 Montrevel-en-Bresse
Tél. : 04 74 30 81 13
Fax : 04 74 30 88 75

ALAIN PASSARD
L'Arpège
84, rue Varenne
75007 Paris
Tél. : 01 47 05 09 06
Fax : 01 44 18 98 39
www.alain-passard.com
Ses fournisseurs
Beurres :
Jean-Yves Bordier
19, rue Claude-Bernard
35400 Saint-Malo
Tél. : 02 99 81 55 50
Fromages :
Bernard Antony
5, rue de la Montagne
68480 Vieux-Ferrette
Tél. : 03 89 40 42 22

GÉRALD PASSÉDAT
Le Petit Nice-Passédat
Anse de Maldormé
Corniche J.-F. Kennedy
13007 Marseille
Tél. : 04 91 592 592
Fax : 04 91 592 808
www.petitnice-passedat.com
Ses fournisseurs
Fromages :
Hervé Mons
Le Pré Normand
42370 Saint-Haon-le-Chatel
Tél : 04 77 64 40 79
Fax : 04 77 64 44 18
Fruits et légumes
primeurs de qualité,
petits fruits rouges
et champignons sylvestres :
Gourmand de Nature
Marc Lopez
3, place des Bergers
13630 Eyragues
Tél./Fax : 04 90 24 90 12
Huile d'olive :
Hyacinthe Bellon
Moulin à huile de Bédarrides
13990 Fontvielle
Tél. : 04 90 54 70 04
Fax : 04 90 54 78 99
Chocolats :
Pralus
8, rue Charles-de-Gaulle
42300 Roanne
Tél : 04 77 71 24 10
Fax : 04 77 70 30 63

ANNE-SOPHIE PIC
Pic
285, avenue Victor-Hugo
26000 Valence
Tél. : 04 75 44 15 32
Fax : 04 75 40 96 03
www.pic-valence.com
Ses fournisseurs
Salades :
Fleur Délice
Jean-Luc Raillon
Saint-Vincent-de-la-Commanderie
Poissons :
Cervera
40, avenue Michel-Jourdan
06150 Cannes La Bocca
Tél. : 04 93 47 02 03
5, allée Gabians
06150 Cannes La Bocca
Tél. : 04 93 47 83 90
Vins :
· Jaboulet
Route de Valence
26600 La Roche-de-Glun
Tél. : 04 75 84 68 93
Fax : 04 75 84 56 14
· Michel Chapoutier
Châteaux des Estubiers
26290 Les Granges-Gontardes
Tél. : 04 75 98 54 78
Fax : 04 75 98 54 81
· Jean-Louis Chaves
Rue Mûres
07300 Mauves
Tél. : 04 75 07 91 97
Fax : 04 75 07 91 98

PIERROT
Le Bistrot de Pierrot
6, place de Béthune
59800 Lille
Tél. : 03 20 57 14 09
Fax : 03 20 30 93 13
www.pierrot-de-lille.com
Ses fournisseurs
Endives :
Daniel Chauwin
28, rue de Cambrai
62860 Épinoy
Tél. : 03 21 59 57 74
Pommes de terre :
Monsieur Taffin
178, ZI du Moulin
BP 18
59193 Erquinghem-Lys
Tél. : 03 28 82 08 20
Pâtisserie :
Meert Traditions
27, rue Esquermoise
59000 Lille
Tél. : 03 20 57 07 44
Bières :
La Cave des Flandres
Béatrice, la fiancée de Pierrot
20, rue de l'Église
59190 Hazebrouck
Tél. : 03 28 41 65 26

MICHEL PORTOS
Le Saint James
3, place Camille-Hosteins
33270 Bouliac
Tél. : 05 57 97 06 00
Fax : 05 56 20 92 58
Ses fournisseurs
Volailles :
Bertrand Hazéra
Élevage des Barthes
48, route de Créon
33750 Camarsac.
Agneaux :
L'allaiton d'Aveyron
Monsieur Greffeuille,
Le Bayle
12390 Rignac
Tél. : 05 65 80 82 24
Tél. : 05 65 80 88 00
Huiles :
Jean-Marc Montegottero
29, rue des Écharmeaux
69430 Beaujeu
Tél. : 04 74 69 28 06
Fax : 04 74 04 87 09
Fromages :
Hervé Mons
(Meilleur Ouvrier de France)
Le Pré Normand
42370 Saint-Haon-Le-Chatel
Tél. : 04 77 64 40 79
Fax : 04 77 64 44 18
Spécialités maraîchères :
Le Potager de la Citadelle
Anne-Sophie Loubière
33190 Fontet
Tél. : 05 56 61 14 37

OLIVIER ROELLINGER
Les Maisons de Bricourt
1, rue Duguesclin
35260 Cancale
Tél. : 02 99 89 64 76
Fax : 02 99 89 88 47
www.maisons-de-bricourt.com
Ses fournisseurs
Charcuterie :
Jean Lepage
au Marché de Saint-Servan
mardi et vendredi,
Paramé, le mercredi,
Dinard, le samedi.
Tél. : 02 99 56 00 38
Beurres :
Jean-Yves Bordier,
9, rue de l'Orme
35400 Saint-Malo
Tél. : 02 99 40 88 79
Fax : 02 99 56 09 41
Ostréiculteur :
Michel Daniel
Chez Mazo
37, quai Kennedy
35260 Cancale
Tél. : 02 99 89 62 66
Fax : 02 99 89 90 88
Le marché des Lices :
Rennes, le samedi matin,
les grand-mères du pays
pour les herbes, les roses
et les légumes. Yves Bocel
et ses fils pour les
poireaux à la jambe fine,
les carottes de sable...
Annie Bertin pour ses herbes
et plantes aromatiques
Viviers de Cancale :
Le Vauhariot
35260 Cancale
Tél. : 02 99 89 69 34

Adresses
(suite)

Maraîchers :
La famille Robin
Marché de Saint-Servan
et de Paramé
Tél. : 02 99 81 65 80

MATHIEU VIANNAY
Mathieu Viannay
47, avenue Foch
69006 Lyon
Tél. : 04 78 89 55 19
Fax : 04 78 89 08 39
Ses fournisseurs
Charcuterie lyonnaise :
Sibilia
Colette Sibilia
Halles de Lyon
102, cours Lafayette
69003 Lyon
Tél. : 04 78 62 36 28
Fax : 04 78 60 86 07
Fromages :
Renée Richard
Halles de Lyon
102, cours Lafayette
69003 Lyon
Tél. : 04 78 62 30 78
Fax : 04 78 71 75 09
Fromages de chèvre :
Les chèvres de la ferme du Puy
07240 Saint-Jean-Chambre
Tél. : 04 75 58 14 55
Poissons :
SDAB
Vallon Saint-Guenolé BP 31
29660 Carantec
Tél. : 02 98 67 00 46
Fax : 02 98 78 30 75
Légumes :
Monsieur Cottendin
MIN
34, rue Casimir-Périer
69002 Lyon
Tél. : 04 72 41 02 03
Fax : 04 72 41 05 79
Viandes :
Boucherie GBM
44, route du Mans
69100 Villeurbanne
Tél. : 04 72 04 11 00
Fax : 04 72 04 14 40
Porc fermier :
Henri Peziat « Gorré »
29780 Plouhinec
Tél. : 02 98 91 32 60
Escargots :
L'Escargot de Monsieur Chauvin
380, route des Fermes
« Chânes »
01360 La Valbonne
Tél. : 04 78 06 07 49

Bibliographie

PAUL BOCUSE
· *La Cuisine du marché*
Éditions Flammarion, 1980
· *Viandes et Poissons*
Éditions Flammarion, 1984
· *Potages et Entrées*
Éditions Flammarion, 1984
· *Bon Appétit*
Éditions Flammarion, 1989
· *Cuisine de France*
Éditions Flammarion, 1990
· *La Bonne Chère*
Éditions Flammarion, 1995
· *Cuisine des régions de France*
Éditions Flammarion, 1997
· *Bocuse dans votre cuisine : 222 recettes*
Éditions Flammarion, 1997
· *La Cuisine du marché*
Éditions Flammarion, 1998
· *Bocuse dans votre cuisine*
Éditions J'ai lu, 1998
· *Bocuse à la carte : menus pour la table familiale*
Éditions Flammarion, 1999
· *La Cuisine du gibier*
Éditions Flammarion, 2000
· *Les Meilleures Recettes des régions de France*
Éditions Flammarion, 2002
· *Bocuse's regional french cooking*
Éditions Flammarion, 2002

GÉRARD BOYER
· *Le Vinaigre dévoilé*
Caroline Lefebvre
Édition Aubanel, 2000

MARC HAEBERLIN
· *Les Recettes de l'Auberge de l'Ill*
Éditions Flammarion, 1982
· *L'Alsace gourmande de Marc Haeberlin*
Éditions Albin Michel, 1995
· *L'Auberge de L'Ill-Haeberlin*
Éditions Opt Art
· *Le Long de l'Ill*
Éditions La Nuée bleue, 2002

MARC MENEAU
· *La cuisine en fêtes*
Éditions Robert Laffont, 1986
· *Musée gourmand*
Éditions Le Chêne, 1992
· *La cuisine des monastères*
Éditions La Martinière, 1999
· *Les salades : du potager à l'assiette*
Éditions Minerva, 2001

ANNE-SOPHIE PIC
· *L'artichaut : dix façons de le préparer*
Éditions de l'Épure, 2002

PIERROT
· *Goûtez-moi ça... les recettes de Pierrot*
Éditions La Voix du Nord, 1997
· *Goûtez-moi ça... : aux fourneaux avec Pierrot*
Éditions L'Oeil d'or, 1999
· *Goûtez-moi ça... les nouvelles recettes de Pierrot*
Éditions La Voix du Nord, 2001
· *Aimer la cuisine du Nord-Pas-de-Calais et de la Picardie*
Éditions Ouest-France, 2002
· *Cuisine du Nord-Pas-de-Calais et de la Picardie d'hier et d'aujourd'hui*
Éditions Ouest-France, 2002

OLIVIER ROELLINGER
· *Le Livre d'Olivier Roellinger*
Avec la collaboration de
Daniel Crozes, Colette Gouvion,
Christian Millau
Éditions du Rouergue, 1994
· *Couleurs de Bretagne*
Éditions Flammarion, 1999

Remerciements : Philippe Martin du studio Mallet / Martin à Lyon. La Boulangerie Serge et Mina Malvoisin à Lens. Jean-Luc Lescaillet/Taffin, producteur de pommes de terre à Erquinghem-Lys.